W0358482

Inhalt

Low Carb Kochbuch für Berufstätige

300 leckere und einfache Low Carb Rezepte für die schnelle Küche. Der schnellste Weg Gewicht zu verlieren.

Linda Kluge

Abnehmen – Ein schwieriges Vorhaben?

Die Hose kneift, die Waage zeigt mal wieder mehr an, als Ihnen lieb ist und die Sommerform ist auch noch weit entfernt? Spätestens, wenn die Temperaturen wieder wärmer werden und der Sommer sich so langsam ankündigt, fassen viele Leute den Entschluss, „jetzt aber wirklich“ etwas zu verändern. Dieser Veränderungsdrang beginnt häufig bei der Ernährung, denn: Diese Stellschraube ist essentiell!

Häufig wird der Plan, sofern es einen gibt, sehr motiviert begonnen. Schon bald stellt sich jedoch Frustration ein: Kalorienzählen ist mühsam, vegane Ernährung zu komplex und richtig satt wird man auch nicht. Gibt es also einen effizienten und dabei auch noch praktikablen Weg, um das Wunschgewicht zu erreichen?

Dieses Kochbuch zeigt Ihnen eine Reihe von leckeren Rezepten und sie alle haben eines gemeinsam: Es sind Low Carb Gerichte! Finden Sie hier den praktischen Weg zum Wohlfühlgewicht und tauchen Sie ein in die Rezeptvielfalt der Low Carb Küche.

Was ist eigentlich Low Carb?

Low Carb ist eine Ernährungsform, die sowohl zur Gewichtsreduktion geeignet ist, als auch unter bestimmten Faktoren das Wohlbefinden steigern kann. Entgegen vieler Vorurteile verzichtet man bei der Low Carb Ernährung nicht komplett auf den Makronährstoff der Gruppe der Kohlehydrate.

Unsere Ernährung lässt sich grob in drei große Gruppen der Makronährstoffe einteilen. Maßgeblich sind Eiweiße, Fette & Kohlehydrate. Bei der Low Carb Ernährungsweise wird das Verhältnis dieser Stoffe bei der Nahrungsaufnahme zu Gunsten der Proteine hin verschoben, wodurch sich automatisch Fett und Kohlehydrate reduzieren.

Durch den Konsum von Proteinen, also Eiweißen, werden wir schneller gesättigt und essen dadurch automatisch weniger. Es besteht sogar die Annahme, dass der Körper so lange nach Nahrung verlangt, bis sein Eiweißbedarf gedeckt ist. Dies führt bei einer proteinarmen Ernährung, wie sie in unserer westlichen Industrienation sehr üblich ist, häufig zum Überkonsum von Nahrung. Unser Körper kann keine Sättigung fühlen, da der essentielle Baustoff der Proteine noch nicht geliefert wurde. Wenn wir dies nicht berücksichtigen, wollen wir automatisch mehr zucker-und stärkehaltige Gerichte zu uns nehmen. Der Nachteil daran ist, dass wir durch diesen übermäßigen Nahrungskonsum viel zu häufig unseren eigentlichen Bedarfswert überschreiten und so auf langfristige Sicht gesehen zunehmen.

Der Fokus auf den wichtigen Baustein der Proteine in unserer Nahrung bei der Low Carb Küche hilft also, den Körper mit dem für ihn wichtigen Makronährstoff versorgen, um so körpereigene Funktionen wie Muskelaufbau, Fettabbau und Knochenerhalt aufrecht erhalten zu können. Kohlehydrate sind ebenfalls ein wichtiger Bestandteil unserer Ernährung. Doch in erster Linie ist dies ein Makronährstoff, für Leute, die auch tatsächlich Energie benötigen, die schnell verfügbar sein muss. Nichts spricht gegen eine Banane vor dem Sport! Die meisten Leute gehen jedoch einer sitzenden Tätigkeit nach und kommen selten auf 10.000 Schritte am Tag! Wir sind also eher mit der Frage beschäftigt: Wie kann ich die aufgenommene Energie verbrauchen, oder einfach in einem für mich notwendigen Maß aufnehmen?

Low Carb als Ernährungsweise in einer Diät?

Eine Diät bedeutet im Grunde nichts anderes, als weniger Kalorien aufzunehmen, als von unserem Körper verbraucht werden. Wir müssen uns also längerfristig in einem Kaloriendefizit befinden, um die Zahl auf der Waage sinken zu lassen. Auch mit der Low Carb Ernährung muss in einer Diät ein Kaloriendefizit erreicht werden.

JEDOCH:

- Eiweiß sättigt schneller und langanhaltender. Wenn dieser essentielle „Baustoff" des Körpers aufgefüllt ist, neigen wir weniger zu Gelüsten.
- Die Low Carb Ernährung verzichtet auf raffinierte und stärkehaltige Produkte. Der Verzicht auf diese Speisen lässt unseren Blutzuckerspiegel weniger stark ansteigen und damit auch weniger rasant abfallen. In der Folge kommt es bei diesem Phänomen zu Heißhungerattacken, was jedoch bei einer proteinbetonten Ernährung vermieden wird. Die Aufnahme von Protein hat keine negativen Auswirkungen auf den Blutzuckerspiegel!
- Die Konstanz des Blutzuckerspiegels bei der Low Carb Ernährung kann sogar Krankheiten vorbeugen! Gerade Diabetes Typ 2 entsteht häufig durch die eigens produzierte Schwankung des Blutzuckerspiegels als Folge von einer zu zucker-und stärkehaltiger Ernährung. Der Verzicht darauf zugunsten einer proteinreichen Ernährung wird besonders Menschen empfohlen, die bereits an Diabetes Typ 2 leiden.
- Low Carb Ernährung reguliert den Wasserhaushalt des Körpers! Häufig fühlen wir uns durch eine stärkereiche Ernährung aufgequollen und tragen schon mal 3-5 Kilo Übergewicht als Folge von Wassereinlagerungen mit uns herum. Der Hintergrund: Zucker und Stärke führen häufig dazu, dass der Körper „Wasser zieht", das bedeutet: Die Zellen des Körpers füllen sich manchmal auf die doppelte Menge ihrer Größe mit Wasser und sorgen so für starke Schwellungen in Gesicht, an Händen, Füßen und anderen Extremitäten. Mit einer Low Carb Ernährung kann man es schaffen, wieder „drahtig" auszusehen.
- Durch die meist günstige Kalorienverteilung von proteinreichen Speisen in Kombination mit wasserhaltigem Gemüse befindet man sich meistens in einer günstigen

Kalorienbilanz. „Satt essen“ und abnehmen kann in dieser Kombination wunderbar funktionieren!

- Es ist wissenschaftlich erwiesen, dass die übermäßige Aufnahme von Kohlehydraten den Fettabbau hemmt. Bevor der Körper an seine Reserven geht, nämlich an das ungeliebte Körperfett, werden zunächst die Kohlehydratspeicher geleert. Sind diese stets prall gefüllt, fällt es schwerer, die Fettverbrennung aufrecht zu erhalten. Sport unterstützt die Gewichtsreduktion auch deshalb, weil er dafür verantwortlich ist, zur Energiegewinnung die Kohlehydratspeicher des Körpers zu leeren. Dadurch wird die Fettverbrennung angekurbelt!

All diese Nebeneffekte eigenen sich hervorragend zur Unterstützung des eigenen Diätvorhabens! Eine Low Carb Ernährung ist daher eine wunderbare Grundlage für eine nachhaltige und gesunde Nahrungsumstellung.

No Carb oder Low Carb?

Die Low Carb Küche ist zeitweise durch eine extreme Auslegung stark in Verruf geraten. Es würden Ballaststoffe fehlen, die Nahrungsbilanz wäre zu eiweißreich und damit zu belastend für Leber und Niere. Hier muss man jedoch zwischen einer extremen „Body Builder Küche“ und dem eigentlichen Ansatz der Low Carb Ernährung unterscheiden. Während sich Sportler aus einschlägigen Bereichen Proteine im Übermaß in Form von zahlreichen Proteinshakes und Massen an Fleisch bei gleichzeitigem Verzicht auf Gemüse zuführen, sind hier tatsächlich häufig Extreme zu beobachten.

Im extremen Ausmaß, also bei einer „No Carb Ernährung“ (dem kompletten Verzicht auf Kohlehydrate) sind tatsächlich alle Lebensmittel tabu, die Kohlehydrate enthalten. Es entsteht eine Ernährungsbilanz von etwa 80 % Protein, 15 % Fett und maximal 0-5 % Kohlehydrate. Dies sind jedoch Extremwerte, die so meistens nur für Bodybuilder in Wettkampfphasen gelten und keine täglich zu praktizierende Ernährungsweise sein sollen. Tatsächlich braucht der „normale Alltagsmensch“ einen gewissen Anteil an Kohlehydraten, um eine entsprechende Hirnleistung und allgemeine Leistungsfähigkeit abzurufen. In unserer Industrienation herrscht jedoch häufig eine proteinarme Ernährung, die eher auf Kohlehydraten und Fett basiert (raffinierter Zucker und gehärtete Öle). Dies gilt es zu vermeiden. Bei einem weitgehenden Verzicht von gängigen Bäckereiprodukten und verarbeitetem Getreide wie Nudeln, hin zu einer gemüselastigeren Komponente, wird sich die Bilanz automatisch zu Gunsten einer protein-und fettreicheren Ernährung hin verschieben.

DIE BASIS

Um die Low Carb Ernährungsweise möglichst nachhaltig und gesund zu gestalten, sollte auf möglichst naturbelassene und unverarbeitete Lebensmittel zurückgegriffen werden.

Generell gilt, dass die Nährstoffdichte und Gesundheitsbilanz eines Lebensmittels mit dem Grad der Verarbeitung steht und fällt. Ist das Produkt bereits bis zur Unkenntlichkeit verarbeitet (beispielsweise Getreide, Gemüse und Fleisch in einer Lasagne), ist gleichzeitig davon auszugehen, dass es nur noch wenige Vitamine und Mineralstoffe enthält.
Unverarbeitete Lebensmittel sind Gemüse, Obst, Fleisch, Fisch, Eier, Nüsse und Samen. Alles was noch auf den Ursprung zurückzuführen ist, sollte dem verarbeiteten Produkt vorgezogen werden.
Hochverarbeitete Produkte sind beispielsweise Süßigkeiten, Wurst- und Molkereiprodukte, Gebäck, Softgetränke und Backwaren. Nicht zu vergessen sind außerdem auch panierte, frittierte und in Plastik verpackte Fertigprodukte.
Werfen Sie einmal einen Blick in den Kühlschrank, so dürfte den meisten auffallen, wie viele abgepackte und industriell hergestellte Produkte sich im Regal befinden. Alles, was in Containern, Plastikbechern etc. eingepackt ist und mehr als fünf Zutaten hat, ist ein stark verarbeitetes Produkt.
Denkt man diesen Ansatz zu Ende, wird man zwangsläufig feststellen, dass mit dieser getroffenen Lebensmittelauswahl nicht immer alles ausnahmslos zur Verfügung stehen kann. Insofern erfolgt die Auswahl mit regional und saisonal produzierten Nahrungsmitteln. Die Auswahl richtet sich somit auch nach dem Kreislauf der Natur. Unterschiedliche Jahreszeiten bringen unterschiedliche Lebensmittel hervor. Häufig sind zum Beispiel in typischen Wintergemüsesorten mehr Vitamine und Mineralien enthalten, die der Körper in der kalten Jahreszeit typischerweise in höherem Umfang benötigt, als im Sommer. So sollten Sie im Sommer tendenziell eher zu saftigen Zitrusfrüchten, Auberginen und Zucchinis greifen, während im Herbst wiederrum eher Pastinaken, Kürbis, Porree und Apfelsorten auf dem Plan stehen.
Saisonales und regionales Einkaufen ist auch das Stichwort in der Low Carb Küche. Dies führt nachweislich zu einem besseren Geschmack, einer höheren Nährstoffdichte und einer besseren Bioverfügbarkeit. Saisonale und regionale Produkte haben einen kürzeren Transportweg hinter sich und werden demzufolge auch reifer geerntet. Häufig sind diese Lebensmittel, die man auch in größeren Mengen kaufen kann, günstiger als in Plastik verpackte und hochgetunte Produkte.
Die Low Carb Küche basiert auf frischen und „echten“ Lebensmitteln. Frisches, grünes Blattgemüse ist neben verschiedenen Proteinquellen wie Fleisch, Fisch, Eiern, Tofu, Soja und Tempeh die Basis, um Ballaststoffe und Vitalstoffe zuzuführen.

Mikronährstoffe

Richtig umgesetzt und lecker gekocht verzichtet die Low Carb Küche auf stark verarbeitete Produkte und setzt auf frische und nährstoffreiche Lebensmittel. Proteine und Mikronährstoffe aus Gemüse stehen dabei im Vordergrund!
Mikronährstoffe sind Vitamine und Mineralien, die in den einzelnen Nahrungsmitteln vorzufinden sind. Je verarbeiteter ein Produkt ist, beispielsweise ein Weißmehlbrötchen, umso mehr Mikronährstoffe wurden durch den vorangegangenen Produktions-und Verarbeitungsprozess entzogen. Mikronährstoffe sind lebenswichtig und sind für viele funktionierende Körperfunktionen und Stoffwechselprozesse verantwortlich.
Am nährstoffreichsten sind im Grunde die Lebensmittel, die gerade frisch aus dem biologischen Kreislauf entnommen wurden, beispielsweise ein frisch gepflückter Apfel.
Im Folgenden eine kurze Übersicht, welche Mikronährstoffe in welchen Lebensmitteln vorhanden sind. Hülsenfrüchte sind im Vergleich zu verarbeiteten Kohlehydratquellen vor allem auch eine pflanzliche Eiweißquelle, mit einem gewissen Anteil an Kohlehydraten. Sie haben jedoch einen niedrigen glykämischen Index und lassen daher den Blutzuckerspiegel im Vergleich nur sehr langsam ansteigen und wieder abfallen. Daher können Hülsenfrüchte ergänzend auch in kleinen Mengen in der Low Carb Ernährung konsumiert werden.

MIKRONÄHRSTOFF **LEBENSMITTEL**

Vitamin A Grünes Blattgemüse, gelbes und rotes Obst und Gemüse
Vitamin B1
Vitamin B12 Hülsenfrüchte, Samen und Kerne
Fisch, Fleisch, Eier, B12 Präparate
Vitamin E Kaltgepresste, pflanzliche Öle, Nüsse, grünes Blattgemüse
Vitamin C
Zitrusfrüchte, Beerenfrüchte, Kiwi, Erdbeeren, Papaya, Brokkoli, Paprika
Eisen Hülsenfrüchte, grünes Blattgemüse, Pfifferlinge, Haselnüsse
Jod Feldsalat, Champignons, Meersalz, Fisch, jodiertes Speisesalz
Kalium Hülsenfrüchte, grünes Blattgemüse, Nüsse, Bananen, Kakao
Kalzium Grünes Blattgemüse, Sesam, Mandeln
Kupfer Hülsenfrüchte, Nüsse, Kakao
Magnesium Hülsenfrüchte, Nüsse & Samen
Mangan Kohlgemüse, Beerenfrüchte, Nüsse
Phosphor Kleie, Hülsenfrüchte, Nüsse
Zink Hülsenfrüchte, Walnüsse, Erdnüsse, Paranüsse
Selen Paranüsse, Kokosnüsse, Hülsenfrüchte, Kohlgemüse, Fisch
Vitamin D Wird im Körper durch Sonnenlicht produziert

Geheimwaffe Ketose

„Ketose“ ist im Fettabbauprozess ein wahres Zauberwort. Die Low Carb Ernährungsweise bringt uns dann in diesen mysteriösen Zustand, wenn wir die Kohlehydratbilanz auf etwa 50 Gramm Kohlehydrate pro Tag reduzieren. Zum Vergleich: Ein normaler Richtwert für durchschnittliche Frauen beträgt etwa 150 Gramm Kohlehydrate am Tag.

Die Ketose ist ein physiologischer Zustand, der entweder nach einem längeren Hungerzustand eintritt, oder aber nach reduziertem Kohlehydratkonsum. Als Gegenspieler werden dann reichlich Fette und Proteine aufgenommen. Was ist dieser Zustand nun aber genau und wie kann man ihn perfekt für seine Fettabbauziele nutzen?

Das menschliche Gehirn bezieht seine Energie normalerweise aus Glucose. Das ist Zucker oder Stärke, wie sie normalerweise in Lebensmittel wie Nudeln, Reis oder Brot vorkommen. Diese Annahme widerspricht der weitverbreiteten These, dass der menschliche Körper ständig Zucker brauche, um zu funktionieren. Dieses Wissen ist mittlerweile aber überholt. Eine ausreichende Kohlehydratversorgung kann auch mit Gemüse gewährleistet werden. Schließlich gab es zu Zeiten unserer Vorfahren auch kein frisch gebackenes Brot oder einen pappigen Nudelauflauf!

Es wurde mittlerweile sogar bestätigt, dass der menschliche Körper aufgenommene Proteine zu etwa 50 % und Fette zu etwa 10 % in Glucose umwandeln und somit verwerten kann. Da dies den Körper aber sehr viel Kraft kostet, greift dieser schon bald auf den Stoff Glykogen, eine physiologische Speicherform von Glucose, zurück. Das Glykogen befindet sich in Muskeln und Leber. Wenn dies aufgebraucht ist, schaltet das Gehirn sich nicht einfach aus.

Hier kommt nun die Ketose ins Spiel. Wenn die Glykogenspeicher aus den Muskeln geleert sind, bildet der Körper sogenannte Ketonkörper aus körpereigenen Fettsäuren. Ketonkörper können vom gesamten Körper, besonders aber vom Gehirn, als Energiequelle genutzt werden. Bevor der Körper wirklich „in die Ketose kommt“, müssen sich einige Enzyme bilden. Dies wird häufig mit grippeartigen Symptomen wie Müdigkeit, Kopfschmerzen oder Schwäche geäußert. Keine Sorge, dieses Phänomen nennt sich „Low Carb Flu“ und lässt nach einiger Zeit wieder von selbst nach.

Der Vorteil der Ketose ist es, dass der Körper nun in den gewünschten Fettstoffwechsel kommt. In diesem Zustand bezieht er all seine Energien aus körpereigenem Fett. Dies begründet auch, warum man durch den Zustand der Ketose Körperfett abbaut.

Der extreme Zustand der Ketose sollte aus gesundheitlichen Gründen jedoch immer nur phasenweise durchgehalten werden. Optimalerweise wechseln sich kohlehydratreichere Phasen mit Zeiten der Ketose ab.

Qualitativ Hochwertige Fette- Ein Makronährstoff

Die optimale Fettversorgung in der Low Carb Ernährung ist sehr wichtig. Da die Kohlehydratquellen reduziert sind, muss der Körper aus dem Energiestoff Fett seinen Treibstoff gewinnen. Entgegen der landläufigen Meinung macht Fett an sich nicht dick. Im Gegenteil, es ist essentiell für Organgesundheit, Haut und Haare. Eine extrem fettreduzierte Ernährung kann auf Dauer sogar zum Verlust der weiblichen Periode führen, da der weibliche Hormonhaushalt Fette dringend benötigt.

Eine umfassende Ernährung beinhaltet Fettquellen natürlichen Ursprungs. Die Fette sollten idealerweise aus Nüssen, Ölsaaten oder fettreichen Früchten wie Oliven und Avocados kommen. Ölsaaten sind beispielsweise Kerne oder Samen einer Pflanze bezeichnet, die zur Gewinnung von Pflanzenöl aus Saaten wie Sesam, Mandel-, Kürbis- oder Sonnenblumenkernen gewonnen werden.

Bestimmte pflanzliche Öle in unserem Speiseplan in konzentrierter Form sind extrem wichtig. Im Unterschied zu vollwertigen „fettigen" Lebensmitteln wie Avocados handelt es sich bei Ölen jedoch meistens um ein raffiniertes und damit hoch verarbeitetes Produkt. Dies ist häufig im Gehalt von Mikronährstoffen und sekundären Pflanzenstoffen ziemlich reduziert und sollte daher eher sparsamer verwandt werden. Ausnahme sind kaltgepresste Öle, wie natives Olivenöl.

Da Fette in fast jedem natürlichen Lebensmittel zu einem bestimmten Anteil vorhanden sind, deutet dies darauf hin, dass sie einen wichtigen Beitrag zu unserer Ernährung liefern können. Auch die Zellen in unserem Körper bestehen auch bei sehr schlanken und gesunden Leuten zu einem gewissen Teil aus Fett. Dies ist auch sehr wichtig, da vor allem unsere Organe mit fetthaltigen Membranen umgeben sind und so zum Schutz dieser wichtigen Körperteile beitragen.

Als wichtiger Faktor zu Unterscheidung von Fetten in der Nahrung ist die Wertigkeit der Fette zu nennen. Wir unterscheiden zwischen gesättigten, einfach ungesättigten und mehrfach ungesättigten Fettsäuren. Besonders wichtig für den menschlichen Organismus sind Omega 6- und Omega 3-Fettsäuren.

- Gesättigte Fettsäuren benötigt der Organismus nicht von außen zugeführt, d. h. sie werden problemlos endogen im Körper hergestellt. Die gesättigten Fettsäuren sind überwiegend in tierischen Nahrungsmitteln zu finden, aber auch in Kokos- oder Palmöl.
- Der menschliche Körper braucht keine von außen zugeführten gesättigten Fette (beispielsweise Fett im Schweinefleisch), da er in der Lage ist, diese Fettkomponente selbst herzustellen. Extra zugeführtes gesättigtes Fett ist also überflüssig. Achtung, gesättigte Fettsäuren sind auch in Kokos-oder Palmöl zu finden!

- Transfette sind eine Form von ungesättigten Fetten, die hauptsächlich in verarbeiteten und frittierten Lebensmitteln vorkommen. Sie wirken sich negativ auf die Herzgesundheit aus.
- Die besten Fette für die menschliche Nahrung sind einfach ungesättigte Fettsäuren aus pflanzlichen Ölen, Nüssen und Avocados. Sie wirken sogar positiv auf den Cholesterinspiegel, da sie in der Lage sind, diesen herab zu senken.
- Bei den mehrfach ungesättigten Fettsäuren ist besonders auf die Aufnahme von Omega-3 Fettquellen zu achten, da diese in der Nahrung seltener vorkommen als Omega 6 Fettsäuren. Eine gute Omega 3 Fettquelle sind beispielsweise Hanfsamen.

Basis gesunder Ernährung: Wasser

Um mit einer Low Carb Ernährungsweise eine optimale Versorgung zu finden, ist eine ausreichende Flüssigkeitszufuhr essentieller, als viele vielleicht denken.
Das Leben entspringt aus dem Wasser. Mit Blick auf die Entstehungsgeschichte des Lebens auf der Erde weiß man, dass die ersten Lebewesen sich aus dem Wasser heraus an Land bewegt haben und die Erde zu Anbeginn der Zeit hauptsächlich aus dem genannten Element bestand und sich erst allmählich entwickelte. Wasser ist die Essenz unserer Ernährung. Wir können über einen längeren Zeitraum ohne Nahrung auskommen, aber nur eine unwesentlich kurze Zeit ohne Flüssigkeit. Kein Wunder, immerhin besteht unser Körper bei der Geburt zu 75 % aus Wasser und bei einem durchschnittlichen Erwachsenen noch zu ca. 65 %. Das ist mehr als die Hälfte! So ist es also klar, welchen Stellenwert die Flüssigkeitszufuhr hat.
Wasser ist nicht nur essentieller Bestandteil unseres Körpers, es sorgt auch für Leistungsfähigkeit und Schönheit. Die regelmäßige und ausreichende Flüssigkeitszufuhr mindert Trockenheitsfältchen, fahle Haut und Augenringe. Häufig ist auch die unzureichende Wasseraufnahme verantwortlich für Kopfschmerzen, Abgeschlagenheit und Müdigkeit über den Tag hinweg.
Wasser ist außerdem als Stoffwechselregulator bekannt. Es transportiert die vom Körper aufgenommenen Nährstoffe in die Körperzellen und reinigt den Körper, in dem es Stoffwechselabfälle über den Urin ausscheidet. Eine Funktionalität der Leber und Niere sind auch deshalb so essentiell, da ohne die Ausscheidungsprozesse der Körper vergiften würde. Morgenurin ist beispielsweise viel dunkler und geruchsintensiver, da über die Nacht sämtliche Giftstoffe gebündelt und schließlich mit dem Toilettengang ausgeschieden werden.
Um diese Stoffwechselprozesse optimal zu unterstützen, empfiehlt die Weltgesundheitsorganisation WHO täglich 30 Milliliter Wasser pro Kilogramm Körpergewicht zu trinken.

Bei einem Körpergewicht von 70 Kilogramm wären das 2,1 Liter pro Tag. Bei sportlicher Aktivität und der damit verbundenen Thermoregulierung durch Schweißproduktion steigt dieser Bedarf nochmals an!
Wasser ist außerdem verantwortlich für die Qualität unserer Verdauung. Ausreichende Flüssigkeitszufuhr wirkt der Verhärtung des Stuhls entgegen und unterstützt so die Selbstreinigungsprozesse des Körpers. Aber auch für den Blutkreislauf ist es von entscheidender Bedeutung! Liegt die Wasserversorgung über längere Zeit auf einem konstant niedrigen Level, besteht die Gefahr von erhöhtem Blutdruck und abgelagertem Cholesterin. Auch die bekannte Orangenhaut, auch als Cellulite bekannt, kann durch ausreichende Flüssigkeitszufuhr minimiert werden. Diese unschönen Fetteinlagerungen können durch die verminderte Durchblutung des Bindegewebes und Wassereinlagerungen entstehen. Durch ausreichende Flüssigkeitszufuhr können sich diese lösen und der Körper ist nicht mehr darauf angewiesen, Flüssigkeit krampfhaft „festzuhalten" und gibt diese Einlagerungen Stück für Stück frei.
Und letztendlich können Sie all diese Faktoren durch eine geeignete Wasseraufnahme positiv beeinflussen. Ärzte raten ganz allgemein von Softdrinks, übermäßigem Kaffeekonsum und Limonaden ab. Der hohe Zuckergehalt führt zu einer unverhältnismäßigen Kalorienaufnahme und pusht ständig den Blutzuckerspiegel, der rasend schnell in die Höhe schießt und genauso schnell wieder abfällt und damit für Heißhungerattacken sorgt. Natürliches, stilles Mineralwasser ist daher ergänzend zu einer gesunden Ernährung die beste Wahl.

Frühstück

Kokos-Erdbeer-Quark

235 kcal / 29 g Kohlenhydrate / 21 g Eiweiß / 3 g Fett

Zutaten für 1 Portion:

- Agavendicksaft/150 g Magerquark
- 1 TL Leinsamen/50 g Erdbeeren
- 1 EL Goji-Beeren
- 30 g Heidelbeeren
- 1 TL Kokosraspeln
- 40 g Bananen

Zubereitung:

Den Quark mit den Erdbeeren pürieren. Danach mit dem Agavendicksaft abschmecken. Die Heidelbeeren waschen. Die Banane in Scheiben schneiden. Den Quark anrichten und mit den restlichen Zutaten garnieren.

Soja-Mandel-Flakes

564 kcal / 33 g Kohlenhydrate / 52 g Eiweiß / 20 g Fett

- **Zutaten für 1 Portion:**
- 250 g Sojajoghurt
- 1 Pfirsich
- 65 g Socas Protein-Flakes
- 50 g Himbeeren
- 30 g Mandeln
- 1 Feige

Zubereitung:

Den Pfirsich, die Himbeeren sowie die Feige waschen. Den Pfirsich entkernen und in Scheiben schneiden. Die Feige ebenfalls in Scheiben schneiden. Beides mit den Himbeeren und den Soja-Flakes mischen. Danach die Mandeln darüber streuen. Den Joghurt unterrühren und anrichten.

Aprikosen-Soja-Bowl

374 kcal / 28 g Kohlenhydrate / 26 g Eiweiß / 15 g Fett

Zutaten für 1 Portion:

- 15 g geschroteter Leinsamen
- 50 g Himbeeren
- 25 g Socas Protein-Flakes
- 200 g Joghurt
- 3 Aprikosen

Zubereitung:

Den Joghurt mit den Himbeeren pürieren. Die Aprikosen waschen und entkernen. Den Joghurt anrichten und mit den Aprikosen, den Sojaflocken sowie den Leinsamen garnieren.

Kokos-Nuss-Joghurt

318 kcal / 17 g Kohlenhydrate / 13 g Eiweiß / 20 g Fett

Zutaten für 2 Portionen:

- 20 g Haselnüssen
- 300 g Joghurt
- 20 g Cashewkerne
- 2 Kiwi
- 1 TL Sesam
- 2 TL geschrotete Leinsamen
- 2 TL Chiasamen
- 2 TL Kokosraspeln

Zubereitung:

Zuerst die Kiwi schälen und halbieren. Den Joghurt mit den Kiwis pürieren. Danach anrichten und mit den Kokosraspeln, den Leinsamen, den Chiasamen sowie dem Sesam garnieren. Die Nüsse hacken und über den Joghurt streuen.

Herzhafte Frühstücks-Muffins

186 kcal / 2 g Kohlenhydrate / 14 g Eiweiß / 14 g Fett

Zutaten für 6 Stück:

- 70 g Parmesan
- 6 Eier
- 1 EL Olivenöl
- 2 EL Schlagsahne
- 2 Petersilienstängel
- 1 Prise Salz und Pfeffer
- 70 g Parmaschinken
- 80 g rote Paprika
- 1 Frühlingszwiebel

Zubereitung:

Die Eier mit der Sahne verquirlen und mit Salz und Pfeffer würzen. Die Frühlingszwiebeln waschen und in Ringe schneiden. Die Paprika entkernen, waschen und ebenfalls klein schneiden. Den Schinken würfeln. Die Petersilie waschen und hacken. Den Parmesan reiben. Die Muffinförmchen einölen und die Eiermischung hineingeben. Danach die restlichen Zutaten hinzugeben und mit dem Parmesan bestreuen. Den Backofen auf 175 °C vorheizen. Die Muffins für 20 Minuten darin backen. Zum Schluss die Muffins aus den Förmchen nehmen und vor dem Servieren nochmals mit Salz und Pfeffer würzen.

Frucht-Bowl mit Chiasamen

261 kcal / 33 g Kohlenhydrate / 26 g Eiweiß / 3 g Fett

Zutaten für 1 Portion:

- 2 EL Leitungswasser/200 g Magerquark
- 5 g Chiasamen/20 g gefrorene Blaubeeren
- 30 g Banane/30 g Granatapfel
- 1 Feige

Zubereitung:
Zuerst die Beeren mit dem Leitungswasser pürieren. Danach den Quark mit den Beeren verrühren. Die Feigen waschen und in Scheiben schneiden. Die Banane ebenfalls in Scheiben schneiden. Von dem Granatapfel die Kerne herausnehmen. Den Quark anrichten und mit den Feigen sowie den Bananen garnieren. Darauf die Kerne und die Chiasamen streuen.

Auberginen-Omelett

416 kcal / 8 g Kohlenhydrate / 29 g Eiweiß / 29 g Fett

Zutaten für 1 Portion:

- 1 TL Olivenöl
- 4 Eier
- 1 Prise Salz und Pfeffer
- 100 g Cherrytomaten
- 1 EL Schlagsahne
- 50 g Aubergine
- 1 Basilikumstängel

Zubereitung:
Die Aubergine sowie die Tomaten waschen und in Scheiben schneiden. Danach die Aubergine salzen. Die Eier mit der Sahne, Salz und Pfeffer verquirlen. In einer Pfanne das Öl erhitzen und die Eiermasse hineingeben. Darauf die Tomaten und die Auberginen verteilen. Die Pfanne mit einem Deckel verschließen und die Masse stocken lassen. Das Omelette mit Salz, Pfeffer und Basilikum würzen. Danach zusammenklappen und anrichten.

Avocado-Spinat-Smoothie

261 kcal / 28 g Kohlenhydrate / 3 g Eiweiß / 14 g Fett

Zutaten für 1 Portion:

- 100 ml Wasser
- 60 g Avocado
- 2 Datteln
- 30 g Babyspinat
- 70 g Banane

Zubereitung:
Die Avocado entkernen und schälen. Den Spinat waschen. Die Banane in Stücke schneiden. Die Avocado mit den restlichen Zutaten pürieren und den Smoothie anrichten.

Birne-Nuss-Salat

228 kcal / 18 g Kohlenhydrate / 4 g Eiweiß / 14 g Fett

Zutaten für 1 Portion:

- 20 g Walnüsse
- 1 Birne
- 30 g Granatapfelkerne
- 5 g Babyspinat

Zubereitung:
Zuerst die Birne waschen, entkernen und in Scheiben schneiden. Den Spinat waschen. Die Nüsse hacken. Die Birne mit dem Spinat, den Granatapfelkernen und den Walnüssen abwechselnd in ein Glas schichten. Vor dem Servieren im Kühlschrank ziehen lassen.

Klassisches Spiegelei

326 kcal / 2 g Kohlenhydrate / 18 g Eiweiß / 27 g Fett

Zutaten für 1 Portion:

- 1 Prise Salz und Pfeffer
- 2 Eier
- 1 EL Olivenöl
- 30 g Bacon

Zubereitung:
In einer Pfanne das Öl erhitzen und den Bacon darin braten. Die Eier hinzugeben und zu Spiegeleiern zubereiten. Diese mit Salz und Pfeffer würzen und anrichten.

Schoko-Milch-Shake

88 kcal / 10 g Kohlenhydrate / 3 g Eiweiß / 4 g Fett

Zutaten für 2 Portionen:

- Wasser
- 300 ml Mandelmilch
- 2 EL Agavendicksaft
- 2 TL Kakao

Zubereitung:
Die Mandelmilch mit dem Kakao und dem Agavendicksaft mixen. Mit etwas Wasser den Shake verdünnen.

Beeren-Smoothie-Bowl

319 kcal / 11 g Kohlenhydrate / 12 g Eiweiß / 28 g Fett

Zutaten für 2 Portionen:

- Agavendicksaft
- 300 g Joghurt
- 2 gehackte Walnüsse
- 60 g Himbeeren
- 5 gehackte Mandeln
- 20 g Heidelbeeren
- 1 TL Kürbiskerne
- 30 g Banane
- 10 g Mohn
- 30 g Apfel

Zubereitung:

Zuerst die Früchte waschen. Einige Beeren zur Seite legen. Die restlichen Beeren pürieren. Die Banane in Scheiben schneiden. Einige Bananenscheiben zur Seite legen, Den Apfel entkernen und in Spalten schneiden. Eine Handvoll Apfelspalten zur Seite legen. Den Joghurt mit den Früchten pürieren. Den Smoothie anrichten und die zur Seite gelegten Früchte unterheben. Darauf den Mohn, die Nüsse sowie die Kerne streuen.

Belegtes Forellen-Brot

425 kcal / 9 g Kohlenhydrate / 21 g Eiweiß / 33 g Fett

Zutaten für 2 Portionen:

- Salz und Pfeffer
- 4 Scheiben Low-Carb-Brot
- 1 rote Chilischote
- 1/2 Avocado
- 1 Zitrone
- 75 g geräucherte Forelle
- 20 g Erdbeergelee
- 1 EL Kresse

Zubereitung:
Die Avocado entkernen und schälen. Das Fruchtfleisch zerdrücken. Die Avocadocreme auf die Brotscheiben schmieren. Die Forelle in Stücke schneiden und auf dem Brot verteilen. Darüber die Kresse streuen. Die Zitrone auspressen. Die Chilischote entkernen und hacken. Das Gelee mit etwas Zitronensaft sowie der Chilischote verrühren. Danach mit Salz und Pfeffer würzen. Die Masse auf dem Fisch verteilen und nochmals mit Salz und Pfeffer würzen.

Himbeer-Smoothie

76 kcal / 10 g Kohlenhydrate / 2 g Eiweiß / 1 g Fett

Zutaten für 1 Portion:

- Agavendicksaft
- 100 g Himbeeren
- 200 ml Wasser
- 100 g Johannisbeeren

Zubereitung:
Die Beeren verlesen und waschen. Danach mit dem Wasser pürieren. Den Smoothie mit Agavendicksaft abschmecken und anrichten.

Rucola mit Spiegelei

542 kcal / 2 g Kohlenhydrate / 21 g Eiweiß / 50 g Fett

Zutaten für 1 Portion:

- 1 Prise Salz und Pfeffer
- 2 Eier
- 1 EL Olivenöl
- 1/2 Avocado
- 4 Scheiben Bacon
- 20 g Rucola

Zubereitung:
Die Avocado entkernen und das Fruchtfleisch in Streifen schneiden. Den Rucola waschen und mit der Avocado anrichten. In einer Pfanne das Öl erhitzen. Den Bacon anbraten. Danach die Eier hineingeben und zu Spiegeleiern braten. Die Spiegeleier mit dem Bacon über den Rucola geben und mit Salz und Pfeffer würzen.

Frucht-Chia-Pudding

183 kcal / 10 g Kohlenhydrate / 7 g Eiweiß / 12 g Fett

Zutaten für 1 Portion:

- Agavendicksaft
- 150 g Mandelmilch
- 1 Minzstängel
- 15 g Chiasamen
- 1 EL Kokosraspeln
- 60 g Erdbeeren
- 2 TL Mandelblättchen
- 20 g Heidelbeeren
- 10 g Granatapfelkerne

Zubereitung:
Die Chiasamen mit der Milch mischen und für 10 Minuten quellen lassen. Die Beeren sowie die Minze waschen. Die Erdbeeren würfeln. Den Pudding mit Agavendicksaft

abschmecken und anrichten. Darüber die Beeren, die Granatapfelkerne, die Mandelblättchen, die Minze sowie die Kokosflocken geben.

Avocado-Frischkäse-Brot

971 kcal / 12 g Kohlenhydrate / 37 g Eiweiß / 86 g Fett

Zutaten für 1 Portion:

- 1 Prise Salz und Pfeffer/2 Scheiben Nussbrot
- 1/2 TL getrocknetes Basilikum/1/2 Avocado
- 1/2 TL schwarzer Sesam/50 g Frischkäse
- Saft einer halben Limette
- 4 Cherrytomaten
- 60 g Mozzarella

Zubereitung:
Die Brotscheiben mit dem Frischkäse bestreichen. Die Tomaten waschen und danach in Scheiben schneiden. Den Mozzarella abtropfen lassen. Die Avocado entkernen und das Fruchtfleisch in Scheiben schneiden. Diese mit Limettensaft beträufeln. Die Tomatenscheiben sowie die Avocado auf die Brotscheiben verteilen und den Mozzarella darüber geben. Danach mit dem Sesam garnieren. Zum Schluss Salz, Pfeffer sowie Basilikum darüberstreuen.

Obstsalat

177 kcal / 38 g Kohlenhydrate / 3 g Eiweiß / 0 g Fett

Zutaten für 1 Portion:

- 60 g Galiamelone
- 4 Aprikosen
- 20 ml Orangensaft
- 30 g Erdbeeren
- 1/2 Apfel

Zubereitung:
Die Früchte waschen. Die Aprikosen entkernen und klein schneiden. Die Erdbeeren in Viertel schneiden. Den Apfel entkernen und klein schneiden. Die Melone schälen und klein schneiden. Die Früchte mit dem Orangensaft verrühren und anrichten.

Kokos-Kirsch-Joghurt

435 kcal / 27 g Kohlenhydrate / 16 g Eiweiß / 27 g Fett

Zutaten für 1 Portion:

- Agavendicksaft
- 200 g Joghurt
- 20 g geröstete Kokoschips
- 100 g Kirschen
- 10 g Mandeln
- 10 g Kakaonibs

Zubereitung:
Die Kirschen waschen. Einige Kirschen zur Seite legen. Die restlichen Kirschen halbieren und entkernen. Diese mit dem Joghurt pürieren. Den Joghurt mit Agavendicksaft abschmecken und anrichten. Die Mandeln hacken und mit den restlichen Kirschen, den Kokoschips sowie den Kakaonips über den Joghurt geben.

Spinat-Sellerie-Smoothie

105 kcal / 20 g Kohlenhydrate / 3 g Eiweiß / 0 g Fett

Zutaten für 1 Portion:

- 200 ml Wasser
- 1 Stange Sellerie
- 1 Dattel
- 1 Apfel
- 50 g Babyspinat

Zubereitung:
Den Sellerie mit dem Spinat und dem Apfel waschen. Den Sellerie klein schneiden. Den Apfel entkernen und würfeln. Danach mit dem Spinat und den Datteln sowie dem Wasser pürieren. Den fertigen Smoothie anrichten.

Erdbeer-Frischkäse-Bowl

283 kcal / 24 g Kohlenhydrate / 26 g Eiweiß / 9 g Fett

Zutaten für 1 Portion:

- Agavendicksaft
- 200 g körniger Frischkäse
- 1 TL Zitronensaft
- 60 g Erdbeeren
- 1 Minzstängel
- 60 g Banane

Zubereitung:
Den Zitronensaft unter den Frischkäse rühren und mit Agavendicksaft abschmecken. Die Erdbeeren waschen und halbieren. Die Banane in Scheiben schneiden. Den Frischkäse anrichten und die Minze darüber geben. Darauf die Früchte verteilen und anrichten.

Klassisches Rührei

460 kcal / 3 g Kohlenhydrate / 29 g Eiweiß / 37 g Fett

Zutaten für 1 Portion:

- Salz und Pfeffer
- 3 Eier
- 1 EL Olivenöl
- 3 Scheiben Bacon
- 2 Schnittlauchhalme

Zubereitung:
Die Eier miteinander verquirlen. Diese mit Salz und Pfeffer würzen. In einer Pfanne Öl erhitzen und den Bacon darin anbraten. Danach aus der Pfanne nehmen und die Eier zu Rührei zubereiten. Den Schnittlauch waschen und in Ringe schneiden. Diesen über das Ei geben. Den Bacon nochmals in der Pfanne erhitzen und mit dem Ei anrichten.

Fruchtiger Rotkohl-Salat

276 kcal / 18 g Kohlenhydrate / 3 g Eiweiß / 21 g Fett

Zutaten für 1 Portion:
Salz

- 100 g Rotkohl
- etwas Limettensaft
- 3 Radieschen
- 1 TL Sesam
- 30 g Apfel
- 1 TL Sesam
- 20 g rote Zwiebel
- 2 TL Agavendicksaft
- 3 Korianderstängel
- 2 EL Olivenöl

Zubereitung:
Zuerst den Rotkohl in Scheiben schneiden. Danach in feine Streifen schneiden. Die Zwiebel schälen und ebenfalls in Scheiben schneiden. Die Radieschen waschen und in Scheiben schneiden. Den Apfel entkernen und in Scheiben schneiden. Den Koriander waschen und die Blätter zupfen. Den Rotkohl mit dem Apfel, den Zwiebeln und den Radieschen anrichten. Das Öl mit dem Limettensaft sowie dem Agavendicksaft mischen. Das Dressing mit Salz würzen. Das fertige Dressing über den Salat geben und mit dem Sesam sowie dem Koriander garnieren.

Fischbrot mit Rucola

744 kcal / 31 g Kohlenhydrate / 33 g Eiweiß / 54 g Fett

Zutaten für 1 Portion:

- 1 Prise Salz und Pfeffer
- 2 Scheiben Eiweißbrot
- 20 g Butter
- 60 g geräucherte Forelle
- 2 g Cherrytomaten
- 20 g Rucola
- 1 Ei

Zubereitung:
Zuerst die Eier für 8–10 Minuten hartkochen. Die Brotscheiben mit Butter bestreichen. Den Rucola waschen. Die Tomaten waschen und vierteln. Den Rucola auf dem Brot verteilen. Die fertigen Eier abschrecken, pellen und in Scheiben schneiden. Die Eier mit der Forelle und den Tomaten auf das Brot legen. Vor dem Servieren mit Salz und Pfeffer würzen.

Lachs-Salat

195 kcal / 3 g Kohlenhydrate / 23 g Eiweiß / 9 g Fett

Zutaten für 1 Portion:

- 2 Dillstiele
- 100 g Räucherlachs
- 1/2 Zitrone
- 50 g Salat
- 4 Cherrytomaten

Zubereitung:
Den Salat waschen und klein schneiden. Die Tomaten waschen und halbieren. Den Dill waschen. Die Zitrone in Spalten schneiden. Den Salat mit dem Lachs und den Tomaten anrichten. Darüber etwas Zitronensaft träufeln. Vor dem Servieren den Dill über den Lachs geben.

Einfacher Tomatensalat

68 kcal / 13 g Kohlenhydrate / 2 g Eiweiß / 0 g Fett

Zutaten für 1 Portion:

- Salz und Pfeffer
- 200 g Tomaten
- 1 EL Balsamico
- 2 Petersilienstängel
- 2 Basilikumstängel

Zubereitung:

Zuerst die Tomaten waschen und vierteln. Die Petersilie sowie das Basilikum waschen und hacken. Die Tomaten anrichten. Darüber Salz und Pfeffer geben. Den Balsamico über die Tomaten träufeln und mit den Kräutern garnieren.

Feigen-Kiwi-Salat

129 kcal / 25 g Kohlenhydrate / 3 g Eiweiß / 1 g Fett

Zutaten für 1 Portion:

- 1 TL Agavendicksaft
- 50 g Salat
- 25 g Granatapfelkerne
- 1 Feige
- 20 g Weintrauben
- 1 Kiwi

Zubereitung:

Den Salat waschen und klein schneiden. Die Feigen waschen und ebenfalls klein schneiden. Die Kiwi schälen und in Scheiben schneiden. Die Trauben waschen. Die Kerne aus dem Granatapfel lösen. Den Salat mit der Feige, den Kernen, den Trauben und der Kiwi mischen. Danach mit dem Agavendicksaft abschmecken. Vor dem Servieren den Salat nochmals abschmecken.

Champignon-Omelette

531 kcal / 4 g Kohlenhydrate / 50 g Eiweiß / 36 g Fett

Zutaten für 1 Portion:

- 1 Prise Salz und Pfeffer
- 4 Eier
- 4 Petersilienstängel
- 4 braune Champignons
- 1 TL Olivenöl
- 100 g Schweineschinken
- 2 EL Schlagsahne
- 20 ml Mineralwasser

Zubereitung:
Die Eier mit der Sahne und dem Wasser verrühren. Die Petersilie waschen und hacken. Danach unter die Eier rühren und mit Salz und Pfeffer würzen. Die Champignons in Scheiben schneiden. Den Schinken in Streifen schneiden. In einer Pfanne Öl erhitzen und die Pilze anbraten. Danach aus der Pfanne nehmen und die Eiermasse hineingeben. Die Eier zu einem Omelette backen. Danach wenden und den Schinken sowie die Pilze darauf verteilen. Das Omelette zusammenklappen und anrichten.

Limetten-Pfirsich-Creme

201 kcal / 23 g Kohlenhydrate / 20 g Eiweiß / 3 g Fett

Zutaten für 2 Portionen:

- 1 TL Agavendicksaft/200 g Magerquark
- 120 g Pfirsich/300 g Naturjoghurt
- 1 Limette

Zubereitung:
Die Limette waschen und die Schale abreiben. Danach auspressen. Die Pfirsiche waschen, entkernen und klein schneiden. Den Joghurt mit dem Quark verrühren. Die Limettenschale sowie den Limettensaft unterrühren. Die Creme mit Agavendicksaft abschmecken und anrichten. Die Pfirsiche darauf verteilen und servieren.

Spiegelei mit buntem Salat

408 kcal / 8 g Kohlenhydrate / 19 g Eiweiß / 32 g Fett

Zutaten für 2 Portionen:

- 1 Prise Salz und Pfeffer/500 g Tomaten/4 EL Olivenöl
- 6 Parmaschinken/2 Petersilienstängel/2 Schalotten
- 2 Eier

Zubereitung:
Die Tomaten waschen und klein schneiden. Die Schalotten schälen und würfeln. Die Tomaten mit 2 EL Öl verrühren. Danach mit Salz und Pfeffer würzen. Die Petersilie waschen und hacken. Danach unter die Tomaten mischen. In einer Pfanne das restliche Olivenöl erhitzen. Die Eier hineingeben und zu Spiegeleiern braten. Danach mit Salz und Pfeffer würzen. Den Schinken mit dem Salat sowie dem Spiegelei anrichten.

Obstsalat mit Spinat

228 kcal / 18 g Kohlenhydrate / 4 g Eiweiß / 14 g Fett

Zutaten für 2 Personen:

- 40 g Walnüsse
- 2 Birnen
- 60 g Granatapfelkerne
- 10 g Babyspinat

Zubereitung:
Die Birnen waschen, entkernen und in Scheiben schneiden. Den Spinat waschen und abtrocknen. Die Kerne aus dem Granatapfel entfernen. Die Walnüsse hacken. Die Birne, den Spinat, die Granatapfelkerne und die Walnüsse abwechselnd in ein Glas geben. Den fertigen Salat verschlossen im Kühlschrank aufbewahren.

Melonen-Avocado-Smoothie

189 kcal / 4 g Kohlenhydrate / 1 g Eiweiß / 18 g Fett

Zutaten für 2 Portionen:

- 100 ml Leitungswasser
- 1 Avocado
- 2 Minzstängel
- 100 g Honigmelone
- 2 EL Kokosöl

Zubereitung:

Die Avocado entkernen und das Fruchtfleisch aus der Schale lösen. Die Melone schälen und das Fruchtfleisch würfeln. Die Minze waschen. Die Zutaten mischen und zusammen zu einem Smoothie pürieren.

Beeren-Quark-Bowl

261 kcal / 33 g Kohlenhydrate / 26 g Eiweiß / 3 g Fett

Zutaten für 2 Portionen:

- 2 EL Wasser
- 400 g Magerquark
- 10 g Chiasamen
- 40 g Blaubeeren
- 60 g Granatapfelkerne
- 2 Feigen
- 1 Banane

Zubereitung:

Die Blaubeeren waschen und mit dem Wasser pürieren. Das Blaubeerpüree mit dem Quark verrühren. Die Feigen waschen und in Scheiben schneiden. Die Banane schälen und ebenfalls in Scheiben schneiden. Die Granatapfelkerne mit den Chiasamen, den Feigen sowie den Bananen auf dem Quark verteilen.

Chia-Pudding mit Himbeeren

430 kcal / 22 g Kohlenhydrate / 29 g Eiweiß / 24 g Fett
(+2 Stunden Ziehzeit)

Zutaten für 2 Portionen:

- 20 g Cashews
- 200 g Magerquark
- 160 g Himbeeren
- 200 ml Milch
- 1 TL Honig
- 2 TL Erdnussbutter
- 2 EL Chiasamen

Zubereitung:
Die Milch mit dem Quark vermischen. Danach den Honig, die Chiasamen sowie die Erdnussbutter unterheben. Die Quarkmasse für 2 Stunden ziehen lassen. Zum Schluss die Cashews sowie die Himbeeren unter die Quarkmasse heben.

Kiwi-Kokos-Quark

297 kcal / 22 g Kohlenhydrate / 32 g Eiweiß / 9 g Fett

Zutaten für 2 Portionen:

- 1 TL Kokosflocken
- 400 g Magerquark
- 20 g Cashews
- 1 TL Honig
- 2 Passionsfrüchte
- 2 Kiwis

Zubereitung:
Den Honig mit dem Quark verrühren. Die Kiwis schälen und würfeln. Diese unter den Quark rühren. Die Kerne der Passionsfrucht in den Quark geben und mischen. Zum Schluss den fertigen Quark mit den Cashews sowie den Kokosflocken garnieren.

Hüttenkäse-Früchte-Bowl

283 kcal / 24 g Kohlenhydrate / 26 g Eiweiß / 9 g Fett

Zutaten für 2 Portionen:

- 5 ml Zitronensaft
- 400 g Hüttenkäse
- 1 Minzstängel
- 60 g Erdbeeren
- 60 g Bananen

Zubereitung:
Zuerst die Erdbeeren waschen und halbieren. Die Bananen in Scheiben schneiden. Die Minze waschen und hacken. Den Zitronensaft mit der Minze und dem Hüttenkäse mischen. Danach die Bananenscheiben und die Erdbeeren darauf verteilen.

Gefüllte Paprika zum Frühstück

134 kcal / 8 g Kohlenhydrate / 14 g Eiweiß / 5 g Fett

Zutaten für 2 Portionen:

- Schnittlauch
- 1 rote Paprika
- Salz und Pfeffer
- 200 g Hüttenkäse
- 100 g Radieschen

Zubereitung:
Die Paprika halbieren, entkernen und waschen. Die Radieschen waschen und in Scheiben schneiden. Diese mit dem Hüttenkäse mischen. Den Hüttenkäse mit Salz und Pfeffer abschmecken und die Paprikahälften damit füllen. Den Schnittlauch waschen, hacken und über den Hüttenkäse in der Paprika streuen.

Mandel-Beeren-Porridge

430 kcal / 19 g Kohlenhydrate / 17 g Eiweiß / 26 g Fett

Zutaten für 2 Portionen:

- 20 g Haselnüsse
- 100 g Himbeeren
- 2 EL Kokoschips
- 100 g Blaubeeren
- 200 ml Wasser
- 60 g Kokosmehl
- 300 ml ungesüßter Kokosdrink
- 2 EL gemahlene Mandeln
- 1 EL Honig
- 2 EL Dinkelkleie
- 1 EL Flohsamenschalen
- 2 EL geschrotete Leinsamen

Zubereitung:

Zuerst die Beeren waschen. Das Wasser sowie den Kokosdrink mischen und erhitzen. Danach die Dinkelkleie, die Mandeln, die Flohsamenschalen, das Kokosmehl, den Honig und die Leinsamen einrühren. Den Porridge nochmals verrühren und so lange köcheln lassen, bis eine cremige Konsistenz erreicht ist. Zum Schluss den Porridge vom Herd nehmen und die Haselnüsse, die Kokoschips sowie die Beeren einrühren.

Mandel-Riegel

108 kcal / 4 g Kohlenhydrate / 3 g Eiweiß / 9 g Fett

Zutaten für 9 Portionen:

- 1 Prise Salz
- 40 g Mandelblätter
- 1/2 TL Vanille
- 30 g Mandeln
- 1/2 TL Zimt
- 15 g gemahlene Mandeln
- 10 g Kokosraspeln
- 1 EL Honig
- 10 g Chiasamen
- 1 EL Agavendicksaft
- 15 g Haferflocken
- 30 g Butter

Zubereitung:

Die Butter mit dem Agavendicksaft und dem Honig schmelzen lassen. Die Masse verrühren und die Vanille sowie den Zimt einrühren. Die Mandeln hacken und die Mandelblätter zerdrücken. Beides mit den Haferflocken, etwas Salz, den Chiasamen sowie den Kokosraspeln mischen. Darüber die Buttermasse geben und verrühren. Die Masse auf einem Backblech verteilen und für 10–15 Minuten bei 175 °C backen. Danach die Masse abkühlen lassen und in 9 Riegel teilen.

Melonen-Aprikosen-Salat

177 kcal / 38 g Kohlenhydrate / 3 g Eiweiß / 0 g Fett

Zutaten für 2 Portionen:

- 40 ml Orangensaft
- 120 g Galiamelone
- 1 Apfel
- 8 Aprikosen
- 60 g Erdbeeren

Zubereitung:
Zuerst das gesamte Obst waschen. Die Aprikosen entkernen und das Fruchtfleisch würfeln. Die Erdbeeren vierteln. Den Apfel entkernen und würfeln. Die Melone entkernen, schälen und das Fruchtfleisch klein schneiden. Den Orangensaft über das Obst geben und mischen.

Mandel-Frischkäse-Pfannkuchen

295 kcal / 7 g Kohlenhydrate / 28 g Eiweiß / 14 g Fett

Zutaten für 2 Portionen:

- 120 ml Mandelmilch
- 60 g Frischkäse
- 2 L Xucker
- 2 Eier
- 90 g Mandelmehl

Zubereitung:
Die Eier mit dem Xucker, dem Frischkäse sowie dem Mandelmehl mischen. Portionsweise die Mandelmilch unterrühren. In einer Pfanne etwas Öl erhitzen und den Teig darin von beiden Seiten zu Pfannkuchen ausbacken.

Hauptspeisen

Asiatischer Fisch

319 kcal / 21 g Kohlenhydrate / 23 g Eiweiß / 15 g Fett

Zutaten für 1 Portion:

- 1/2 Limette
- 120 g Pangasius
- Salz
- 1 EL Avocadoöl
- 2 TL Agavendicksaft
- 100 g rote Gemüsepaprika
- 200 ml Orangensaft
- 40 g Bleichsellerie
- 2 EL Sojasauce
- 10 g Frühlingszwiebeln
- 2 EL Sojasauce
- 40 g Porree
- 1 g Ingwer
- 6 Korianderstängel

Zubereitung:

Zuerst das Gemüse waschen. Die Paprika entkernen und in Streifen schneiden. Den Sellerie in Streifen schneiden. Die Frühlingszwiebeln waschen und in Streifen schneiden. Den Porree in Ringe schneiden. Die Limette auspressen und den Limettensaft mit der Sojasauce, dem Orangensaft sowie dem Agavendicksaft verrühren. Den Ingwer reiben und mit der Sauce mischen. Danach das Gemüse unterheben und mit Salz würzen. Den Fisch klein schneiden. In einer Pfanne das Öl erhitzen und den Fisch von allen Seiten anbraten. Den Koriander waschen und die Blätter abzupfen. Den Fisch zu dem Salat geben und mit den Korianderblättern garnieren.

Kohlsalat mit Süßkartoffeln

567 kcal / 27 g Kohlenhydrate / 11 g Eiweiß / 43 g Fett

Zutaten für 1 Portion:

- Kurkumapulver
- 150 g Grünkohl
- Paprikapulver
- 100 g Süßkartoffeln
- Salz und Pfeffer
- 100 g Cherrytomaten
- 2 EL Olivenöl
- 100 g Avocado

Zubereitung:
Zuerst den Backofen vorheizen. Die Süßkartoffeln schälen und klein schneiden. Diese auf einem Backblech verteilen und für 10–15 Minuten im Backofen backen. Den Grünkohl waschen. Die Tomaten waschen und halbieren. Die Avocado entkernen und das Fruchtfleisch in Scheiben schneiden. Den Grünkohl und die Tomaten mischen. Die Gewürze mit dem Olivenöl verrühren und über den Kohl geben. Danach mischen und die Avocado darauflegen. Die Kartoffeln anrichten und mit dem Salat servieren.

Belegtes Pfifferling-Brot

400 kcal / 12 g Kohlenhydrate / 15 g Eiweiß / 31 g Fett

Zutaten für 1 Portion:

- Salz und Pfeffer/300 g Pfifferlinge
- 1 TL Olivenöl/1 Knoblauchzehe
- 2 Scheiben Käsebrot/1 Schalotte
- 1 EL Butter/2 Thymianstängel
- 1 Rosmarinstängel

Zubereitung:
Die Pfifferlinge waschen. In einer Pfanne die Butter schmelzen. Den Knoblauch und die Schalotten schälen. Beides würfeln und in der Butter anbraten. Danach die Pfifferlinge hinzugeben und anbraten. Die Nadeln des Rosmarins sowie die Blätter vom Thymian hacken. Beides unter die Pilze rühren und mit Salz und Pfeffer würzen. Das Brot mit Butter bestreichen und die Pfifferlinge darauf anrichten.

Rote Bete-Nusssalat

328 kcal / 10 g Kohlenhydrate / 6 g Eiweiß / 29 g Fett

Zutaten für 2 Portionen:

- 1 EL Avocadoöl/150 g gegarte Rote Bete
- Salz und Pfeffer/1 Avocado
- Saft einer halben Limette/50 g Babyspinat
- 20 g Cashewkerne
- 50 g Mangold
- 5 g geriebener Ingwer
- 1 TL heller Sesam

Zubereitung:
Die Rote Bete würfeln. Den Ingwer mit dem Sesam, dem Limettensaft sowie den Cashewkernen mischen. Danach mit Salz und Pfeffer würzen. Die Avocado entkernen und das Fruchtfleisch würfeln. Dieses mit der Roten Bete mischen und das Dressing unterrühren. Den Spinat und den Mangold waschen. Beides anrichten und die Rote Bete darüber geben. Das Avocadoöl darüber träufeln und servieren.

Rahm-Pilze

431 kcal / 11 g Kohlenhydrate / 10 g Eiweiß / 39 g Fett

Zutaten für 1 Portion:

- 1 Oreganostängel
- 250 g braune Champignons
- 1 Schalotte
- 100 g Schlagsahne
- Muskatnuss
- 10 g Butter
- Salz und Pfeffer
- 2 Knoblauchzehen

Zubereitung:

Zuerst die Champignons waschen und in Scheiben schneiden. Den Knoblauch schälen und in Scheiben schneiden. Die Schalotten schälen und würfeln. In einer Pfanne die Butter schmelzen. Die Schalotten sowie den Knoblauch darin dünsten. Die Champignons hinzugeben und anbraten. Danach die Sahne unterrühren und mit Salz, Pfeffer sowie Muskat abschmecken. Den Oregano waschen. Die Pilze anrichten und den Oregano darauf drapieren.

Gemüse-Thunfisch

372 kcal / 8 g Kohlenhydrate / 18 g Eiweiß / 29 g Fett

Zutaten für 2 Portionen:

- Salz und Pfeffer
- 1 Dose Thunfischfilets
- Muskat
- 1 Avocado
- 2 EL Olivenöl
- 50 g rote Paprika
- Saft einer Limette
- 50 g orangene Paprika
- 1/2 Pfefferschote
- 50 g Gurke
- 50 g Radieschen
- 1 Frühlingszwiebel
- 6 Petersilienstängel
- 30 g Zuckermais
- 2 Tomaten

Zubereitung:

Den Thunfisch abgießen und klein zupfen. Die Avocado entkernen. Die Limette auspressen und die Avocado mit dem Limettensaft beträufeln. Die Gurke schälen und klein schneiden. Die Paprika entkernen und würfeln. Die Tomaten waschen und klein schneiden. Die Frühlingszwiebel waschen und in Ringe schneiden. Den Mais abtropfen lassen. Die Petersilie waschen und die Blätter hacken. Die Pfefferschote entkernen und hacken. Die Radieschen waschen und klein schneiden. Alle Zutaten mischen. Das Olivenöl mit etwas Limettensaft verrühren. Danach mit Salz, Pfeffer und Muskat abschmecken. Das Dressing unter den Salat heben und mit der Avocado servieren.

Hähnchenbrust-Salat

385 kcal / 14 g Kohlenhydrate / 34 g Eiweiß / 20 g Fett

Zutaten für 1 Portion:

- Salz und Pfeffer/150 g Salat
- 2 EL Olivenöl/130 g Hähnchenbrustfilet
- 1 Rettich/120 g Gurke
- 1 Möhre

Zubereitung:
Zuerst den Salat waschen. Danach in Stücke zupfen. Die Gurke waschen und in Streifen schneiden. Den Rettich sowie die Möhre schälen und in Scheiben schneiden. Das Hähnchenfleisch waschen. In einer Pfanne 1 EL Öl erhitzen und das Hähnchenfleisch darin anbraten. Danach aus der Pfanne nehmen und mit Salz und Pfeffer würzen. Das Fleisch in Scheiben schneiden. Den Salat mit den Gurken, den Möhren und dem Rettich anrichten. Darüber das restliche Öl, Salz und Pfeffer geben. Zum Schluss das Fleisch darauf verteilen und anrichten.

Brokkoli-Hummus

394 kcal / 16 g Kohlenhydrate / 10 g Eiweiß / 30 g Fett

Zutaten für 2 Portionen:

- Muskat/200 g Kichererbsen
- Salz/150 g Brokkoli
- 4–5 EL Wasser/30 g Pinienkerne
- 40 ml Olivenöl/1 TL Sesammus
- 2 EL Limettensaft/2 Knoblauchzehen
- 1/2 grüne Chilischote

Zubereitung:
Zuerst den Brokkoli waschen und in Röschen teilen. Danach Wasser aufkochen und den Brokkoli für 2–3 Minuten kochen. Anschließend absieben und abschrecken. In einer Pfanne die Pinienkerne ohne Öl rösten. Den Knoblauch schälen. Alle Zutaten miteinander pürieren und den Hummus mit Muskat abschmecken. Danach mit den Pinienkernen garnieren.

Lachssalat mit Ei

574 kcal / 8 g Kohlenhydrate / 45 g Eiweiß / 39 g Fett

Zutaten für 2 Portionen:

- Salz und Pfeffer
- 200 g Lachsfilet ohne Haut
- Balsamico-Creme Dattel und Feige
- 4 Eier
- 2 EL Olivenöl
- 200 g Romanasalat
- 50 g Parmesan
- 10 Cherrytomaten
- 1 Zitrone
- 100 g Rucola

Zubereitung:

Die Eier für 8–10 Minuten hartkochen. Danach abschrecken, pellen und halbieren. Den Salat waschen und zupfen. Die Tomaten waschen und halbieren. Den Salat mit den Tomaten anrichten und 1 EL Öl darüber geben. Den Lachs waschen und in Stücke schneiden. In einer Pfanne das restliche Öl erhitzen und den Lachs von allen Seiten anbraten. Danach würzen und über den Salat geben. Die Eier darauf verteilen und mit dem Parmesan garnieren. Die Zitrone auspressen und den Zitronensaft über den Salat sowie den Lachs träufeln. Zum Schluss etwas Balsamico darüber geben.

Bunte Gemüse-Eier-Pfanne

379 kcal / 15 g Kohlenhydrate / 24 g Eiweiß / 25 g Fett

Zutaten für 1 Portion:

- Salz und Pfeffer
- 3 Eier
- 1 EL Olivenöl
- 1/2 rote Paprika
- 6 Cherrytomaten
- 1/2 grüne Paprika
- 2 Petersilienstängel
- 1/2 Zwiebel

Zubereitung:
Die Tomaten und die Petersilie waschen. Die Paprika entkernen, waschen und klein schneiden. Die Tomaten halbieren. Die Petersilie hacken. Die Zwiebel schälen und würfeln. In einer Pfanne Olivenöl erhitzen und die Zwiebel darin anschwitzen. Die Paprika sowie die Tomaten hinzugeben und ebenfalls anbraten. Die Chilischote hacken und mit Salz, Pfeffer sowie den Eiern verquirlen. Die Eiermasse zu dem Gemüse geben und verrühren. Die Gemüse-Eier-Pfanne nochmals abschmecken und anrichten.

Avocado-Thunfisch-Salat

254 kcal / 5 g Kohlenhydrate / 25 g Eiweiß / 15 g Fett

Zutaten für 2 Portionen:

- Salz und PfeffeR/200 g Thunfischfilet, Natur
- 1 TL gehackte Kapern/1/2 rote Zwiebel
- 2 TL Mayonnaise/5 Cherrytomaten
- Saft einer Limette/1/2 Avocado

Zubereitung:
Zuerst den Thunfisch auseinanderzupfen. Die Limette auspressen. Die Avocado entkernen und das Fruchtfleisch klein schneiden. Die Avocado mit dem Limettensaft beträufeln. Die Tomaten waschen und vierteln. Die Zwiebel würfeln und mit dem Thunfisch, der Avocado, den Tomaten und den Kapern sowie der Mayonnaise mischen. Den Salat mit Salz, Pfeffer und Limettensaft abschmecken.

Lachs mit Dill

528 kcal / 5 g Kohlenhydrate / 45 g Eiweiß / 37 g Fett

Zutaten für 1 Portion:

- 2 EL Olivenöl
- 1 Lachsfilet
- Für den Dip:
- Salz und Pfeffer
- 2 EL Quark
- 1 TL Agavendicksaft
- 1 EL Joghurt
- 2 EL Zitronensaft
- 2 EL gehackter Dill

Zubereitung:

Zuerst den Backofen auf 175 °C vorheizen. Den Lachs waschen. In einer Pfanne Olivenöl erhitzen und den Lachs darin anbraten. Danach den Lachs im Backofen für 5–10 Minuten garen. In der Zeit alle Zutaten für den Dip mischen. Den Lachs anrichten und mit Salz und Pfeffer würzen. Danach mit dem Dip servieren.

Bohnen-Limetten-Salat

665 kcal / 16 g Kohlenhydrate / 24 g Eiweiß / 56 g Fett

Zutaten für 1 Portion:

- Für den Salat:
- 2 Frühlingszwiebeln
- 100 g Feldsalat
- 100 g Zucchini
- 50 g Erbsen
- 30 g Cheddar-Käse
- 50 g dicke Bohnen
- Für das Dressing:
- Salz und Pfeffer
- 1 Limette
- 1 TL Honig
- 3–4 Korianderstängel
- 1 TL gehackter Kerbel
- 50 ml Olivenöl

Zubereitung:

Den Salat waschen. Die Erbsen und die Bohnen aus den Schoten nehmen. Die Zucchini waschen und in Stifte hobeln. Die Frühlingszwiebeln waschen und in Ringe schneiden. Den Käse würfeln. Alles mit dem Salat mischen. Die Limette waschen und die Schale abreiben. Danach den Saft aus der Limette pressen. Den Koriander waschen und hacken. Den Honig verflüssigen und mit der Limettenschale, dem Limettensaft sowie dem Kerbel, dem Olivenöl und dem Koriander mischen. Das Dressing mit Salz und Pfeffer würzen. Danach den Salat anrichten und das Dressing darüber geben.

Brokkoli-Paprika-Salat

522 kcal / 13 g Kohlenhydrate / 23 g Eiweiß / 41 g Fett

Zutaten für 1 Portion:

- Salz und Pfeffer/150 g Brokkoli
- Saft einer halben Limette
- 50 g rote Paprika/2 EL Joghurt, 1,5 % Fett
- 60 g Feta/5 Walnusskerne

Zubereitung:
Zuerst den Brokkoli waschen und dämpfen. Danach in Röschen teilen und für 5–7 Minuten garen. Die Paprika entkernen, waschen und würfeln. Die Walnüsse hacken. Den Joghurt mit dem Limettensaft verrühren. Die Paprika sowie den Brokkoli anrichten und den Joghurt darüber verteilen. Den Feta mit den Walnüssen mischen und über den Salat streuen. Vor dem Servieren nochmals mit Salz und Pfeffer würzen.

Cremige Erbsensuppe

575 kcal / 29 g Kohlenhydrate / 16 g Eiweiß / 43g Fett

Zutaten für 2 Portionen:

- Salz und PfeffeR/400 g gekochte, grüne Erbsen
- 2 EL Olivenöl/100 g Porree
- 200 ml Schlagsahne/1 Zwiebel
- 500 ml Gemüsefond/1 Knoblauchzehe
- Saft einer halben Zitrone/5 g Ingwer

Zubereitung:
Den Knoblauch und die Zwiebel schälen. Beides würfeln. Den Ingwer schälen und reiben. Den Porree waschen und in Ringe schneiden. Die Zitrone waschen und die Schale abreiben. Danach den Saft aus der Zitrone pressen. In einem Topf Olivenöl erhitzen. Die Zwiebel mit dem Porree und dem Knoblauch dünsten. Die gekochten Erbsen hinzugeben und mit dem Gemüsefond ablöschen. Die Suppe abschmecken und für 10 Minuten bei geschlossenem Deckel köcheln lassen. Dabei gelegentlich umrühren. Die Zitronenschale und den Ingwer zu der Suppe geben und den Topf vom Herd nehmen. Danach die Suppe pürieren und die Sahne unterrühren. Anschließend nochmals pürieren und die Suppe mit Salz, Pfeffer sowie Zitronensaft abschmecken.

Mango-Thunfisch-Salat

671 kcal / 10 g Kohlenhydrate / 38 g Eiweiß / 53 g Fett

Zutaten für 2 Portionen:

- 1 EL schwarzer Sesam
- 300 g Thunfisch
- 1 EL heller Sesam
- 1 Avocado
- Saft einer Limette
- 100 g Mango
- 40 ml Sojasauce
- 1 Frühlingszwiebel

Zubereitung:
Den Thunfisch waschen und würfeln. Die Mango schälen, entkernen und ebenfalls würfeln. Die Frühlingszwiebel waschen und in Ringe schneiden. Die Avocado entkernen und das Fruchtfleisch würfeln. Dieses mit Limettensaft beträufeln. Den Thunfisch mit der Mango, der Sojasauce, der Frühlingszwiebel und der Avocado mischen. Danach mit Sesam, Salz und Pfeffer mischen. Den Salat vor dem Servieren in den Kühlschrank stellen.

Quinoa-Avocado-Bowl

442 kcal / 16 g Kohlenhydrate / 20 g Eiweiß / 32 g Fett

Zutaten für 1 Portion:

- Salz und Pfeffer
- 50 g Avocado
- 1 Ei
- 40 g Gouda
- Saft einer Limette
- 40 g Gouda
- 15 g Quinoa
- 30 g Feldsalat
- 30 g rote Paprika
- 30 g Möhren
- 30 g Gurke

Zubereitung:

Die Eier für 8–10 Minuten hartkochen. Die Quinoa waschen und in einem Topf mit Wasser für 5–10 Minuten kochen. Anschließend mit Salz und Pfeffer würzen. Das Gemüse und den Salat waschen. Die Paprika sowie die Gurke waschen. Beides in Stücke schneiden. Die Möhre schälen und reiben. Die Limette auspressen. Die Avocado entkernen und das Fruchtfleisch würfeln. Danach mit dem Limettensaft beträufeln. Den Gouda in Würfel schneiden. Den Salat mit dem Gemüse und dem Käse anrichten. Etwas Limettensaft unter die Quinoa rühren und auf dem Salat anrichten. Das Ei pellen, halbieren und auf der Quinoa anrichten.

Spargel mit Pinienkernen

329 kcal / 6,2 g Kohlenhydrate / 17,3 g Eiweiß / 27,7 g Fett

Zutaten für 2 Portionen:

- Salz und Pfeffer
- 500 g grüner Spargel
- Zesten einer Zitrone
- 50 g Feta
- 20 g Pinienkerne
- 2 TL Butter

Zubereitung:
Den Spargel waschen und die Enden entfernen. Den Spargel in Wasser mit etwas Salz und Butter für 8 Minuten kochen. In einer Pfanne ohne Öl die Pinienkerne rösten. Den Spargel aus dem Topf nehmen und anrichten. Darüber Salz und Pfeffer streuen. Den Feta, die Pinienkerne sowie die Zitronenzesten dazu anrichten und den Spargel servieren.

Hähnchenpfanne mit Kichererbsen

246 kcal / 12 g Kohlenhydrate / 29 g Eiweiß / 8 g Fett

Zutaten für 2 Portionen:

- Salz und Pfeffer/200 g Hähnchenbrust
- 1/2 TL Ras el Hanout/100 g Kichererbsen
- 1 EL Kokosöl/60 g rote Paprika
- 50 ml Geflügelfond/1 Tomate
- 3 Petersilienstängel/1 Knoblauchzehe/1 Chilischote

Zubereitung:
Das Fleisch waschen und würfeln. Danach mit dem Kokosöl mischen. Anschließend das Fleisch mit Salz, Pfeffer und Ras el Hanout würzen. Das Hähnchenfleisch für 60 Minuten marinieren. Die Kichererbsen abschütten und waschen. Die Paprika und die Tomate klein schneiden. Die Chilischote entkernen und in Ringe schneiden. Den Knoblauch schälen und hacken. Die Petersilie waschen und ebenfalls hacken. Das Hähnchen anbraten. Danach das Gemüse sowie den Knoblauch hinzugeben und mitbraten. Das Fleisch mit dem Fond ablöschen. Danach die Kichererbsen sowie die Chilischote hinzugeben und köcheln lassen. Die Hähnchen-Pfanne nochmals abschmecken und mit der Petersilie garnieren.

Endivien-Tomaten-Salat

403 kcal / 10 g Kohlenhydrate / 9 g Eiweiß / 34 g Fett

Zutaten für 2 Portionen:

- Salz und Pfeffer
- 400 g Endivien Salat
- 1 g Xucker
- 8 Radieschen
- 5 EL Olivenöl
- 3 Walnusskerne
- 1 Limette
- 8 Mandeln
- 50 g getrocknete Tomaten

Zubereitung:
Den Salat waschen und die Blätter klein zupfen. Die Radieschen waschen und in Scheiben schneiden. Die Tomaten klein schneiden. Die Nüsse hacken. Die Limette waschen und die Schale abreiben. Danach den Saft auspressen. Den Limettensaft mit der Limettenschale sowie allen anderen Zutaten mischen und mit dem Salat verrühren.

Rindfleisch-Salat

300 kcal / 4 g Kohlenhydrate / 38 g Eiweiß / 14 g Fett

Zutaten für 2 Portionen:

- Salz und Pfeffer
- 2 Scheiben Rindersteakhüfte
- 1 EL Sojasauce
- 100 g Babyspinat
- 1 EL Teriyaki-Sauce
- 1 Möhre
- 1 EL Kokosöl
- 30 g Mungobohnensprossen
- 2 TL Kresse
- 1 Chilischote
- 1 EL heller Sesam

Zubereitung:

Den Spinat waschen. Die Möhren schälen und in Stifte schneiden. Die Zwiebel schälen und in Ringe schneiden. Die Sprossen waschen. Die Chilischote entkernen und hacken. Das Fleisch waschen. In einer Pfanne das Kokosöl erhitzen und die Steaks von allen Seiten anbraten. Die Chilischote, die Sojasauce sowie die Teriyaki-Sauce unter das Fleisch rühren und für weitere 2 Minuten braten. Danach mit Salz und Pfeffer würzen. Das Fleisch aus der Pfanne nehmen und mit Sesam bestreuen. Den Spinat anrichten und das Gemüse sowie die Sprossen darauf verteilen. Das Fleisch in Scheiben schneiden und auf dem Gemüse anrichten. Zum Garnieren mit Kresse bestreuen.

Champignon-Salat

101 kcal / 5,5 g Kohlenhydrate / 6,5 g Eiweiß / 5,3 g Fett

Zutaten für 2 Portionen:

- Salz und Pfeffer
- 10 Champignons
- Balsamico
- 1 EL Olivenöl
- 2 Tomaten
- 1 Handvoll Lattughino
- 1 Römersalat
- 1 Handvoll Rucola
- 1 Handvoll Feldsalat

Zubereitung:
Den Salat waschen. Die Tomaten klein schneiden und mit dem Salat mischen. Danach mit Salz, Pfeffer sowie Balsamico verrühren. Die Champignons waschen und vierteln. In einer Pfanne Öl erhitzen und die Pilze anbraten. Danach den Salat anrichten und die Champignons darauf verteilen.

Gemüsesalat

239 kcal / 9 g Kohlenhydrate / 16 g Eiweiß / 15 g Fett

Zutaten für 2 Portionen:

- 2 TL Olivenöl/100 g Endiviensalat/Salz und Pfeffer/4 Eier
- 6 Cherrytomaten/50 g rote Paprika/80 g Gurke/50 g gelbe Paprika
- 1/2 rote Zwiebel/50 g orangene Paprika

Zubereitung:
Die Eier für 10 Minuten hartkochen. Den Salat und das Gemüse waschen. Die Paprika in Streifen schneiden. Die Gurke schälen und in Scheiben schneiden. Die Tomaten vierteln. Die Zwiebel schälen und in Ringe schneiden. Den Salat mit dem Gemüse anrichten. Die Eier pellen und halbieren. Danach den Salat mit Salz und Pfeffer würzen. Das Olivenöl darüber träufeln.

Avocado-Salat

424 kcal / 12,4 g Kohlenhydrate / 4,1 g Eiweiß / 38,6 g Fett

Zutaten für 2 Portionen:

- Für den Salat:
- 1 Zitrone
- 250 g Salat
- 1 rote Zwiebel
- 4–6 Cherrytomaten
- 1 Avocado
- 1/2 Gurke
- Für das Dressing:
- Salz und Pfeffer
- 1 EL Zitronensaft
- Thymian
- 5 EL Olivenöl
- 1 TL Agavendicksaft

Zubereitung:
Zuerst den Salat waschen. Die Tomaten halbieren. Die Gurke schälen und in Scheiben schneiden. Die Avocado entkernen und das Fruchtfleisch in Scheiben schneiden. Die Zwiebel schälen und in Ringe schneiden. Die Zitrone in Spalten schneiden. Den Thymian waschen und hacken. Den Zitronensaft mit Olivenöl, Thymian, Salz, Pfeffer und Agavendicksaft mischen. Den Salat mit dem Dressing mischen und anrichten.

Pfifferling-Pfanne

373 kcal / 4 g Kohlenhydrate / 6 g Eiweiß / 36 g Fett

Zutaten für 2 Portionen:

- Muskat
- 400 g rohe Pfifferlinge
- Salz und Pfeffer
- 2 Frühlingszwiebeln
- 1 TL Zitronensaft
- 2 EL Butter
- 1 TL Olivenöl
- 100 ml Schlagsahne
- 1 Prise Xucker

Zubereitung:
Die Pfifferlinge waschen. Die Frühlingszwiebeln waschen und in Ringe schneiden. In einer Pfanne das Olivenöl sowie die Butter erhitzen. Die Pfifferlinge und die Frühlingszwiebeln anbraten. Danach mit der Sahne ablöschen und köcheln lassen. Die Pfifferlinge mit Muskat, Salz, Pfeffer und Xucker würzen.

Steak mit Bohnengemüse

344 kcal / 3 g Kohlenhydrate / 53 g Eiweiß / 13 g Fett

Zutaten für 2 Portionen:

- Salz und Pfeffer
- 2 Scheiben Rindersteakhüfte
- 2 Rosmarinstängel
- 100 g grüne Bohnen
- 4 Scheiben Bacon

Zubereitung:
Das Fleisch waschen. Die Bohnen waschen und für 5 Minuten blanchieren. Danach abtropfen lassen. Den Speck mit einigen Bohnen zusammenrollen. Die Steaks von allen Seiten anbraten. Darauf Rosmarin legen. Die Bohnen ebenfalls für 5 Minuten anbraten. Die Steaks mit Salz und Pfeffer würzen. Das Steak mit den Bohnen anrichten.

Erdbeer-Walnuss-Salat

793 kcal / 26 g Kohlenhydrate /22 g Eiweiß / 63,8 g Fett

Zutaten für 1 Portion:

- Salz
- 250 g Blattsalat
- 1 EL Balsamico
- 100 g geschälte Walnusskerne
- 200 g Erdbeeren

Zubereitung:
Den Salat waschen und klein schneiden. Die Erdbeeren waschen und halbieren. Den Salat mit Salz sowie Balsamico mischen. Danach anrichten und die Erdbeeren sowie die Walnüsse darauf verteilen.

Rucola-Spargel-Salat

116 kcal / 8,8 g Kohlenhydrate / 6,6 g Eiweiß / 5 g Fett

Zutaten für 2 Portionen:

- 1 EL Rapsöl
- 500 g grüner Spargel
- Salz und Pfeffer
- 12 Cherrytomaten
- 1 TL Xucker
- 50 g Rucola
- 4–6 Stängel Petersilie
- 1 Zitrone

Zubereitung:
Zuerst den Spargel waschen. Danach das untere Drittel entfernen. In einer Pfanne Öl erhitzen und den Spargel darin anbraten. Anschließend mit Salz, Pfeffer, Xucker sowie Zitronensaft würzen. Den Spargel aus der Pfanne nehmen. Die Tomaten waschen und vierteln. Den Rucola sowie die Petersilie waschen. Die Petersilie hacken. Den Salat, den Spargel und die Tomaten anrichten.

Warmer Rindersalat

646 kcal / 1,95 g Kohlenhydrate / 60,5 g Eiweiß / 30,7 g Fett

Zutaten für 2 Portionen:

- Für das Fleisch:
- Salz und Pfeffer
- 2 Rinderfilets
- 4 Knoblauchzehen
- 1 EL Olivenöl
- 3–4 Zweige Rosmarin
- 50 g Butter
- Für den Salat:
- 2 EL Olivenöl
- 200 g Blattsalat
- Salz und Pfeffer
- 1 Limette

Zubereitung:

Den Salat waschen und zerkleinern. Den Limettensaft mit Salz, Pfeffer und Olivenöl mischen und unter den Salat heben. Das Fleisch und die Kräuter waschen. Den Knoblauch schälen und zerdrücken. 1 EL Olivenöl in einer Pfanne erhitzen und das Fleisch von allen Seiten anbraten. Danach den Knoblauch, die Kräuter und etwas Butter hinzugeben. Das Fleisch unter Wenden anbraten und aus der Pfanne nehmen. Danach ruhen lassen und anrichten. Mit Salz und Pfeffer würzen und mit dem Salat servieren.

Wurstsalat

605 kcal / 3,6 g Kohlenhydrate / 26,6 g Eiweiß / 47,3 g Fett

Zutaten für 4 Portionen:

- Salz und Pfeffer
- 500 g Fleischwurst
- 1 Prise Xucker
- 150 g Emmentaler
- 3 EL Apfelessig
- 1 Zwiebel
- 4 EL Rapsöl
- 4 Gewürzgurken
- 50 ml Essiggurkenwasser
- 1 Zwiebel
- 1 EL Dijon-Senf
- 3 EL Schnittlauch

Zubereitung:

Die Fleischwurst in Streifen schneiden. Die Zwiebel schälen und würfeln. Die Gewürzgurken halbieren und in Scheiben schneiden. Den Käse würfeln. Alle Zutaten mischen. Den Essig mit dem Gurkenwasser, dem Öl, Salz, Pfeffer und Senf verrühren. Das Dressing über den Salat geben und für 1–2 Stunden im Kühlschrank ziehen lassen. Den Schnittlauch hacken und vor dem Servieren über den Salat geben.

Feta-Oliven-Salat

351 kcal / 10,1 g Kohlenhydrate / 13,7 g Eiweiß / 29,6 g Fett

Zutaten für 4 Portionen:

- 4 EL Olivenöl
- 8 Tomaten
- 1/4 TL Chiliflocken
- 100 g Rucola
- Salz und Pfeffer
- 200 g Feta
- 1/2 Gurke
- 100 g schwarze, entsteinte Oliven
- 1 rote Zwiebel
- 1 EL Kapern

Zubereitung:

Die Gurke sowie die Tomaten waschen. Die Tomaten vierteln und die Gurke in Streifen schneiden. Die Zwiebel schälen und in Streifen schneiden. Den Rucola waschen. Den Feta würfeln. Die Oliven halbieren. Alle Zutaten mischen. Die Kapern unterheben und mit Salz, Pfeffer sowie Olivenöl abschmecken. Vor dem Servieren mit den Chiliflocken garnieren.

Eiersalat mit Tomaten

200 kcal / 6,8 g Kohlenhydrate / 15,4 g Eiweiß / 11,5 g Fett

Zutaten für 2 Portionen:

- 2–3 Stiele Dill
- 4 Eier
- Salz und Pfeffer
- 2 Tomaten
- Muskat
- Für das Dressing:
- 1 EL heller Balsamico
- 60 g Joghurt
- 1 TL Xucker
- 1 Zitrone

Zubereitung:

Zuerst die Eier hartkochen. Danach pellen und vierteln. Die Tomaten waschen und ebenfalls vierteln. Den Pfeffer mit Salz und Muskat mischen. Den Joghurt mit 1 TL Zitronensaft, Xucker und Balsamico mischen. Die Tomaten und die Eier anrichten. Das Dressing darüber geben und mit der Pfeffer-Mischung sowie etwas Dill garnieren.

Warmer Champignon-Salat

172 kcal / 10 g Kohlenhydrate / 7 g Eiweiß / 11 g Fett

Zutaten für 2 Portionen:

- 2 EL Olivenöl
- 200 g Champignons
- Salz und Pfeffer
- 100 g Rucola
- Muskat
- 4 Tomaten
- 1/2 TL Harissa
- 1 rote Zwiebel
- 4 Knoblauchzehen

Zubereitung:

Die Tomaten waschen und klein schneiden. Die Champignons in Scheiben schneiden. Den Salat waschen. Die Zwiebel schälen und in Scheiben schneiden. Den Knoblauch schälen und hacken. In einer Pfanne 1 EL Öl erhitzen. Die Champignons anbraten. Danach die Tomaten sowie die Hälfte der Zwiebelscheiben hinzugeben und mitbraten. Knoblauch, Harissa, Salz und Pfeffer unterrühren. Danach das restliche Öl, die restlichen Zwiebeln sowie etwas Salz unterrühren. Vor dem Servieren nochmals abschmecken.

Einfacher Rindfleischsalat

247 kcal / 4,4 g Kohlenhydrate / 18,8 g Eiweiß / 16,8 g Fett

Zutaten für 4 Portionen:

- Salz und Pfeffer
- 400 g gekochtes Rindfleisch
- Thymian
- 2 rote Zwiebeln
- 3 EL Balsamicoessig
- 1 EL Kapern
- 5 EL Kürbiskernöl

Zubereitung:
Das Fleisch in Streifen schneiden. Die Kapern hacken. Die Zwiebeln schälen und in Ringe schneiden. Den Thymian waschen und hacken. Alle Zutaten mischen. Das Öl mit dem Essig, dem Thymian, Salz und Pfeffer verrühren. Das Rindfleisch mit dem Dressing verrühren und anrichten.

Radicchio-Möhren-Salat

126 kcal / 6,8 g Kohlenhydrate / 1,9 g Eiweiß / 9,4 g Fett

Zutaten für 4 Portionen:

- Salz und Pfeffer/1 Radicchio
- 1 TL Ahornsirup/2 Möhren
- 1 LimettE/4 Tomaten
- 4 EL Olivenöl
- Kresse
- 2 Frühlingszwiebeln

Zubereitung:
Den Radicchio waschen und zerkleinern. Die Möhren schälen und in Streifen schneiden. Die Frühlingszwiebeln waschen und in Ringe schneiden. Die Tomaten waschen und klein schneiden. Die Limette auspressen. Olivenöl, Ahornsirup, Salz, Pfeffer und Limettensaft mischen. Den Salat anrichten und mit dem Dressing mischen. Vor dem Servieren die Kresse darauf verteilen.

Gebratene Jakobsmuscheln

537 kcal / 8 g Kohlenhydrate / 17 g Eiweiß / 47 g Fett

Zutaten für 2 Portionen:

- 1 Prise Safran
- 12 Jakobsmuscheln
- 4 Korianderstängel
- 1 EL Dinkelmehl
- 1 Chilischote
- 1 EL Olivenöl
- 2 Knoblauchzehen
- 1 Zitrone
- 5 g Xucker
- Salz und Pfeffer
- 100 g Butter

Zubereitung:

Die Zitrone waschen und die Schale abreiben. In einem Topf die Butter schmelzen lassen und den Xucker darin karamellisieren. Den Knoblauch schälen und pressen. Diesen zu dem Xucker geben. Die Chilischote entkernen und hacken. Diese ebenfalls zu dem Knoblauch rühren. Dazu einige Safranfäden und etwas Zitronenschale rühren. Danach mit Salz und Pfeffer würzen. Die Muscheln waschen und mit Salz würzen. Danach mit Mehl bestäuben. In einer Pfanne Öl erhitzen und die Muscheln von allen Seiten anbraten. Diese anrichten und die Zitronensauce darüber verteilen. Vor dem Servieren nochmals mit Salz und Pfeffer würzen. Den Koriander waschen und hacken. Diesen über die Muscheln streuen.

Spargel mit Spiegelei

140 kcal / 2,9 g Kohlenhydrate / 8,9 g Eiweiß / 10,4 g Fett

Zutaten für 2 Portionen:

- Salz und Pfeffer
- 200 g grüner Spargel
- Muskat
- 2 Eier
- 2 TL Butter
- Kresse

Zubereitung:
Den Spargel schälen und die Enden entfernen. Danach in zwei Bündel binden und in kochendem Wasser mit Salz und etwas Butter für 8–10 Minuten kochen. Öl in einer Pfanne erhitzen und die Eier zu Spiegeleiern zubereiten. Den fertigen Spargel anrichten und die Spiegeleier dazu servieren. Anschließend mit Salz, Pfeffer, Muskat und Kresse bestreuen.

Rucola-Thunfisch-Salat

157 kcal / 13,3 g Kohlenhydrate / 8 g Eiweiß / 1,7 g Fett

Zutaten für 2 Portionen:

- Salz und Pfeffer/1 Dose Thunfisch im eigenen Saft
- Petersilie/100 g Rucola-Salat
- 1/2 Kohlrabi/2 Roma-Salatherzen
- 1/2 Gurke/2 Tomaten
- 1 Karotte/2 Radieschen
- 1 Frühlingszwiebel

Zubereitung:
Den Salat waschen und klein zupfen. Die Radieschen und die Tomaten waschen. Die Tomaten vierteln und die Radieschen in Scheiben schneiden. Die Möhren schälen und ebenfalls in Scheiben schneiden. Die Frühlingszwiebel waschen und in Ringe schneiden. Die Gurke schälen und in Scheiben schneiden. Den Kohlrabi schälen und klein schneiden. Alle Zutaten mischen und mit Salz und Pfeffer würzen. Den Thunfisch auf Tellern verteilen und mit dem Salat anrichten. Die Petersilie hacken und über den Salat streuen.

Nudeln mit Gemüsesauce

213 kcal / 14 g Kohlenhydrate / 28 g Eiweiß / 4 g Fett

Zutaten für 2 Portionen:

- Salz und Pfeffer
- 80 g Low-Carb-Nudeln
- 1 TL Olivenöl
- 200 ml Passata
- 1/2 Chilischote
- 200 g Zucchini
- 1 getrocknetes Lorbeerblatt
- 6 Petersilienstängel
- 2 Knoblauchzehen
- 3 Basilikumstängel
- 1/2 Zwiebel

Zubereitung:

Die Zucchini waschen und klein schneiden. Die Zwiebel schälen und hacken. In einem Topf Olivenöl erhitzen und die Zucchini mit dem Knoblauch anbraten. Die Chilischote in Streifen schneiden. Die Petersilie und das Basilikum hacken. Die Passata, die Chilischote, die Petersilie sowie das Lorbeerblatt hinzugeben und für 15–20 Minuten köcheln lassen. Danach mit Salz und Pfeffer würzen. Anschließend das Basilikum hinzugeben. Die Nudeln nach Anweisung kochen. Diese danach anrichten und die Gemüsesauce darauf verteilen. Vor dem Servieren mit dem Parmesan bestreuen.

Sprossen-Salat

420 kcal / 10,6 g Kohlenhydrate / 12,6 g Eiweiß / 31,2 g Fett

Zutaten für 1 Portion:

- frische Sprossen
- Blattsalat
- 1 Ei
- 1/4 Gurke
- 1 Möhre
- 1/2 Tomate
- Für das Dressing:
- Salz und Pfeffer
- 1/2 Zitrone
- Petersilie
- 3 EL Olivenöl
- Schnittlauch

Zubereitung:

Zuerst das Ei für 10 Minuten hartkochen. Den Salat waschen und klein schneiden. Die Tomaten waschen und ebenfalls klein schneiden. Die Gurke und die Möhre schälen. Beides klein schneiden. Die Sprossen waschen. Das Ei pellen und vierteln. Alles anrichten. Die Kräuter waschen und hacken. Die Zitrone auspressen. Den Salat mit Zitronensaft, Olivenöl, Salz, Pfeffer und den Kräutern abschmecken.

Gebratenes Gemüse

153 kcal / 20,7 g Kohlenhydrate / 9,3 g Eiweiß / 9,1 g Fett

Zutaten für 1 Portion:

- Salz und Pfeffer/5 Champignons
- 1 EL Olivenöl1 Karotte
- Petersilie/1 Frühlingszwiebel
- 1/2 Salatgurke
- 1/2 Zwiebel
- 1/2 rote Paprika

Zubereitung:

Die Karotte schälen und in Streifen schneiden. Die Paprika entkernen, waschen und würfeln. Die Gurke schälen, entkernen und klein schneiden. Die Champignons waschen und in Scheiben schneiden. Die Frühlingszwiebel waschen und in Ringe schneiden. Die Zwiebel schälen und hacken. In einer Pfanne 1 EL Olivenöl erhitzen und die Zwiebel darin dünsten. Danach die restlichen Zutaten unterrühren und ebenfalls anschwitzen. Die Gemüsepfanne mit Salz und Pfeffer würzen.

Spaghetti mit Pinienkernen und Rucola

496 kcal / 21 g Kohlenhydrate / 63 g Eiweiß / 12 g Fett

Zutaten für 2 Portionen:

- Salz und Pfeffer/300 g Spaghetti
- 2 EL Olivenöl/300 g Cherrytomaten
- 1 Knoblauchzehe/Rucola
- Parmesan/Pinienkerne

Zubereitung:

Die Spaghetti in Salzwasser nach Anweisung kochen. In einer Pfanne ohne Fett die Pinienkerne rösten. Dann aus der Pfanne nehmen. Die Tomaten waschen und halbieren. Den Knoblauch schälen und hacken. 2 EL Olivenöl in eine Pfanne geben und die Tomaten sowie den Knoblauch anbraten. Danach mit Salz und Pfeffer würzen. Die Spaghetti abschütten und mit in die Pfanne geben. Alles mischen und abschmecken. Zum Schluss den Rucola hinzugeben und nochmals anbraten. Die Spaghetti anrichten und mit den Pinienkernen sowie dem Parmesan garnieren.

Tomaten-Hähnchen-Salat

296 kcal / 8,9 g Kohlenhydrate / 48,4 g Eiweiß / 6,7 g Fett

Zutaten für 2 Portionen:

- Salz und Pfeffer
- 400 g Hähnchenbrustfilet
- Sonnenblumenöl
- Tomaten
- Olivenöl
- Gurke
- Crema di Balsamico
- Eisbergsalat
- 1 Chilischote
- Paprika

Zubereitung:
Den Salat, die Tomaten sowie die Paprika waschen und klein schneiden. Die Gurke schälen und ebenfalls klein schneiden. Das Gemüse mit Pfeffer, Salz und Olivenöl mischen. Den Salat anrichten und die Crema di Balsamico darüber verteilen. Das Fleisch waschen und klein schneiden. In einer Pfanne das Sonnenblumenöl erhitzen und das Fleisch darin von allen Seiten anbraten. Danach mit Salz und Pfeffer würzen. Die Chilischote hacken und zu dem Fleisch geben. Den Salat mit dem Hähnchenfleisch anrichten und servieren.

Schinken-Pfannkuchen

354 kcal / 7 g Kohlenhydrate / 28 g Eiweiß / 23 g Fett

Zutaten für 2 Portionen:

- Salz und Pfeffer
- 2 Eier
- 1/2 Bund Petersilie
- 2 Scheiben gekochter Schinken
- 30 g geriebener Emmentaler
- 50 ml Milch, 3,5 % Fett

Zubereitung:
Die Milch mit den Eiern verquirlen. Die Eiermasse mit Salz und Pfeffer würzen. Die Petersilie waschen und hacken. Diese ebenfalls unter die Eiermasse rühren. In einer Pfanne das Öl erhitzen. Den Teig hineingeben und stocken lassen. Darüber den Käse geben und schmelzen lassen. Den Schinken darauf verteilen und erhitzen. Den Pfannkuchen einrollen und halbieren. Danach servieren.

Gefüllte Salat-Rollen

102 kcal / 10 g Kohlenhydrate / 7 g Eiweiß / 3 g Fett

Zutaten für 1 Portion:

- Salz und Pfeffer/1/4 Eisbergsalat
- 1 Prise Kräuter der Provence
- 2 Scheiben gekochte Schinken
- 1 Frühlingszwiebel
- 1/4 rote Paprika
- 2 EL Naturjoghurt

Zubereitung:
Den Joghurt mit den Kräutern, Salz und Pfeffer verrühren. Die Paprika entkernen, waschen und klein schneiden. Die Frühlingszwiebel waschen und in Ringe schneiden. Den Salat waschen und mit dem Joghurt bestreichen. Danach 1 Scheibe Schinken darauf legen. Darüber die Paprika und die Zwiebel legen. Den Salat zusammenrollen und fixieren.

Gegrillter Feta

581 kcal / 8 g Kohlenhydrate / 35 g Eiweiß / 44 g Fett

Zutaten für 1 Portion:

- Salz und Pfeffer
- 200 g Feta
- 1 Frühlingszwiebel
- 1 Tomate
- 1/4 Zwiebel
- 1 EL Olivenöl

Zubereitung:

Den Feta abwaschen. Die Zwiebel sowie die Frühlingszwiebel in Ringe schneiden. Die Tomate waschen und in Scheiben schneiden. Den Feta auf ein Backpapier legen und die Zwiebel, die Frühlingszwiebel sowie die Tomaten darüber geben. Das Olivenöl darüber geben und mit Pfeffer würzen. Das Backpapier verschließen und für 10 Minuten auf einem vorgeheizten Grill backen.

Gemüsenudeln mit Pesto

471 kcal / 21 g Kohlenhydrate / 15 g Eiweiß / 35 g Fett

Zutaten für 1 Portion:

- 2 Basilikumzweige/1 Zucchini
- 2 TL Pinienkerne/1 Avocado
- Salz und Pfeffer
- 1 Zwiebel
- 1 EL Olivenöl
- 1 Knoblauchzehe

Zubereitung:

Den Knoblauch und die Zwiebel schälen und hacken. Die Zucchini in Streifen schneiden. Die Avocado entkernen und das Fruchtfleisch aus der Schale lösen. Das Avocadofruchtfleisch mit Salz und Pfeffer würzen und zerdrücken. Die Zucchini mit der Zwiebel, dem Knoblauch und Olivenöl mischen. Die Gemüsenudeln mit dem Pesto mischen. In einer Pfanne ohne Öl die Pinienkerne rösten und über die Gemüsespaghetti geben.

Gemüse-Gratin

540 kcal / 5 g Kohlenhydrate / 24 g Eiweiß / 45 g Fett

Zutaten für 1 Portion:

- gemischte Kräuter
- 1 Avocado
- Salz und Pfeffer
- 10 Cherrytomaten
- 80 g geriebener Käse

Zubereitung:

Zuerst den Backofen auf 180 °C Umluft vorheizen. Die Avocado aus der Schale lösen und entkernen. Das Fruchtfleisch in Würfel schneiden und in eine ofenfeste Schale legen. Die Cherrytomaten halbieren und zu der Avocado geben. Darüber Salz und Pfeffer streuen. Das Gemüse mit Käse bestreuen und für 10 Minuten überbacken.

Gebratenes Gemüse mit Feta

394 kcal / 20 g Kohlenhydrate / 24 g Eiweiß / 23 g Fett

Zutaten für 1 Portion:

- Salz und Pfeffer
- 1/2 rote Paprika
- 75 ml Gemüsebrühe
- 1/2 gelbe Paprika
- 100 g Feta
- 1/2 gelbe Paprika
- 1 TL Olivenöl
- 1/2 grüne Paprika
- Thymian
- 1/2 Zucchini
- 1/4 Bund Schnittlauch
- 1/2 Zwiebel
- 1/4 Bund Basilikum
- 1/2 Knoblauchzehe

Zubereitung:

Die Zucchini sowie die Paprika klein schneiden. Den Knoblauch sowie die Zwiebel schälen und hacken. Die Kräuter waschen und hacken. Den Feta in Würfel schneiden. In einer Pfanne das Öl erhitzen. Den Knoblauch und die Zwiebel darin dünsten. Das Gemüse hinzugeben und anbraten. Den Thymian hinzugeben. Mit der Brühe ablöschen und 5 Minuten köcheln lassen. Das Gemüse mit Salz und Pfeffer würzen. Danach das Basilikum unterrühren und den Feta darüber streuen. Vor dem Servieren mit dem Schnittlauch garnieren.

Schinkensalat

354 kcal / 18 g Kohlenhydrate / 25 g Eiweiß / 19 g Fett

Zutaten für 1 Portion:

- Salz und Pfeffer
- 100 g gekochter Schinken
- 15 ml Milch, 3,5 % Fett
- 1/4 Gurke
- 1/2 TL Senf
- 1 Frühlingszwiebel
- 1 EL Olivenöl
- 20 g geriebener Parmesan
- 1/2 EL körniger Frischkäse
- 1/2 rote Paprika
- 1/2 EL Naturjoghurt
- 10 g Petersilie
- 1/2 TL getrockneter Oregano

Zubereitung:

Das Gemüse sowie die Kräuter waschen und klein schneiden. Den Joghurt mit dem Frischkäse, den Gewürzen, dem Öl sowie dem Senf verrühren. Das Gemüse mit der Joghurt-Masse vermischen und anrichten.

Gemüseragout

481 kcal / 11 g Kohlenhydrate / 20 g Eiweiß / 38 g Fett

Zutaten für 1 Portion:

- Salz und Pfeffer
- 1/2 Aubergine
- Basilikum
- 1/2 Avocado
- 1/2 Frühlingszwiebel
- 1 Schalotte
- 1 Ei
- 1 EL Kokosöl
- 2 EL gemahlene Mandeln
- 3 Cherrytomaten
- 2 EL geriebener Parmesan

Zubereitung:

Die Aubergine waschen und klein schneiden. Die Avocado entkernen und das Fruchtfleisch würfeln. Die Schalotte schälen und würfeln. Die Cherrytomaten waschen und halbieren. Den Parmesan mit den Mandeln mischen. Das Gemüse mit der Parmesan-Mischung verrühren. In einer Pfanne das Kokosöl erhitzen und das Gemüse anbraten. Danach das Ei hinzugeben und verrühren. Die Frühlingszwiebel waschen und in Ringe schneiden. Das Gemüse mit Salz und Pfeffer würzen. Danach anrichten und mit Basilikum sowie den Frühlingszwiebelringen garnieren.

Gebratene Pute mit Nudeln

540 kcal / 15 g Kohlenhydrate / 64 g Eiweiß / 24 g Fett

Zutaten für 1 Portion:

- Salz und Pfeffer
- 200 g Putenfleisch
- Kurkuma
- 50 g Eiweiß-Nudeln
- 10 ml Olivenöl
- 1 rote Paprika

Zubereitung:
Salzwasser aufkochen und die Nudeln nach Anweisung kochen. Das Putenfleisch waschen und klein schneiden. Die Paprika entkernen, waschen und würfeln. In einer Pfanne das Olivenöl erhitzen. Das Fleisch darin anbraten. Die Nudeln abschütten und mit der Paprika zu dem Fleisch geben. Danach mit Kurkuma, Salz und Pfeffer würzen.

Bunter Zucchini-Salat

308 kcal / 17 g Kohlenhydrate / 17 g Eiweiß / 19 g Fett

Zutaten für 1 Portion:

- Schnittlauch/1 grüne Zucchini
- Basilikum/1 gelbe Zucchini
- Salz und Pfeffer
- 1 EL Sonnenblumenkerne
- 2 EL Zitronensaft
- 1 EL Pinienkerne
- 1 EL Olivenöl
- 1 TL weißes Mandelmus

Zubereitung:
Die Zucchini in Streifen schneiden. In einer Pfanne ohne Fett die Pinienkerne sowie die Sonnenblumenkerne rösten. Beides zu den Zucchini geben. Das Mandelmus mit dem Zitronensaft und dem Olivenöl mischen. Die Zucchini untermischen und mit Salz und Pfeffer würzen. Den Salat anrichten und mit Schnittlauch sowie Basilikum garnieren.

Gebratener Fisch

592 kcal / 5,8 g Kohlenhydrate / 44,7 g Eiweiß / 65,4 g Fett

Zutaten für 1 Portion:

- Salz und Pfeffer
- 180 g Lachsfilet
- 1 TL Senf
- 1 Bund Kresse
- 1 EL Rapsöl
- 1 Lauchzwiebel
- 50 ml Gemüsebrühe
- 3 g Schnittlauch
- 1 EL Zitronensaft
- 70 g Frischkäse

Zubereitung:

Zuerst den Lachs klein schneiden und mit Zitronensaft beträufeln. Danach mit Salz und Pfeffer würzen. Die Kresse waschen. Den Schnittlauch sowie die Lauchzwiebel waschen und beides hacken. In einer Pfanne das Öl erhitzen und den Lachs von allen Seiten anbraten. Danach mit der Gemüsebrühe ablöschen und den Senf sowie den Frischkäse einrühren. Den Lachs mit Salz und Pfeffer abschmecken. Die Lauchzwiebeln, die Kresse und den Schnittlauch unterrühren und aufkochen.

Tomaten-Spieße mit Schinken

38 kcal / 2 g Kohlenhydrate / 3,5 g Eiweiß / 2 g Fett

Zutaten für 1 Portion:

- 7 Schaschlikspieße
- 21 Cherrytomaten
- Frühlingszwiebeln
- 7 Scheiben Schinken

Zubereitung:
Zuerst den Grill anheizen. Die Tomaten und den Schinken abwechselnd auf die Spieße stecken. Die fertigen Spieße von allen Seiten grillen. Die Frühlingszwiebeln waschen und hacken. Die fertigen Spieße mit den Frühlingszwiebeln garnieren.

Gemüse-Puten-Curry

570 kcal / 25 g Kohlenhydrate / 72 g Eiweiß / 20 g Fett

Zutaten für 1 Portion:

- Rucola
- 300 g Putenbrustfilet
- 100 ml Currysauce
- 1 Paprika
- 10 ml Rapsöl
- 50 g Frühlingszwiebeln

Zubereitung:
Das Fleisch sowie das Gemüse waschen und klein schneiden. In einer Pfanne das Öl erhitzen und die Frühlingszwiebeln dünsten. Danach das Fleisch hinzugeben und anbraten. Die Paprika unterrühren und ebenfalls mitbraten. Mit der Currysauce ablöschen und aufkochen. Den Rucola waschen und klein schneiden. Das Curry von der Herdplatte nehmen und den Rucola unterheben.

Gemüsepuffer

526 kcal / 13,8 g Kohlenhydrate / 43,2 g Eiweiß / 30,1 g Fett

Zutaten für 1 Portion:

- Salz und Pfeffer
- 100 g Zucchini
- 1 EL Rapsöl
- 70 g Karotte
- 2 Eier
- 5 g Petersilie
- 20 g Kokosmehl
- 5 g Schnittlauch
- 200 g Hüttenkäse
- 2 g getrockneter Thymian

Zubereitung:

Zuerst die Karotte schälen. Danach mit der Zucchini raspeln und die Flüssigkeit ausdrücken. Den Schnittlauch sowie die Petersilie hacken. Den halben Hüttenkäse mit dem Kokosmehl und den Eiern mischen. Den Thymian mit der Hälfte der Kräuter unterheben. Danach den Hüttenkäse mit Salz und Pfeffer würzen. Zum Schluss die Gemüseraspeln unterheben. In einer Pfanne das Öl erhitzen und aus der Masse Puffer formen. Diese in der Pfanne von allen Seiten anbraten. Die restlichen Kräuter mit dem restlichen Hüttenkäse verrühren. Danach mit Salz und Pfeffer würzen. Den Kräuter-Hüttenkäse mit den Gemüsepuffern anrichten.

Spargel-Feta-Salat

483 kcal / 16,7 g Kohlenhydrate / 19,5 g Eiweiß / 36,2 g Fett

Zutaten für 1 Portion:

- Salz und Pfeffer
- 300 g grüner Spargel
- 1/2 TL Honig
- 70 g Kirschtomaten
- 1 TL Zitronensaft
- 1 Schalotte
- 1 TL Senf
- 50 g Feta
- 1 EL Balsamico
- 25 g Walnüsse
- 1 1/2 EL Olivenöl

Zubereitung:

Den Spargel schälen und die Enden entfernen. Danach den Spargel klein schneiden. In einer Pfanne einen halben EL Öl erhitzen und den Spargel darin anbraten. Danach aus der Pfanne nehmen. Die Kirschtomaten waschen und halbieren. Die Schalotte schälen und hacken. Die Tomaten und die Schalotte zu dem Spargel geben und verrühren. Danach den Feta darüber bröseln. Das Olivenöl mit Senf, Honig, Balsamico und Zitronensaft mischen. Das Dressing mit Salz und Pfeffer abschmecken. Danach über den Salat geben und verrühren. Die Walnüsse hacken und damit den Salat garnieren.

Einfache Tomatensuppe

113 kcal / 12 g Kohlenhydrate / 3 g Eiweiß / 6 g Fett

Zutaten für 1 Portion:

- Salz und Pfeffer
- 30 g rote Zwiebel
- 1 EL Crème Légère
- 150 g gehackte Tomaten
- 5 g Petersilie
- 50 ml Kokosdrink
- 50 ml Gemüsebrühe
- 1/2 EL Olivenöl
- Chilipulver

Zubereitung:

Die Zwiebel schälen und würfeln. In einem Topf das Olivenöl erhitzen und die Zwiebel darin dünsten. Danach die Tomaten einrühren und mit der Gemüsebrühe sowie der Kokosmilch ablöschen. Die Suppe mit Salz und Pfeffer abschmecken. Danach für 10 Minuten köcheln lassen. Die Suppe pürieren und mit Chilipulver würzen. Die Petersilie waschen und hacken. Diese in die Suppe einrühren. Vor dem Servieren die Tomatensuppe mit Crème Légère garnieren.

Gemüsenudeln mit Avocado

404 kcal / 12 g Kohlenhydrate / 21 g Eiweiß / 29 g Fett

Zutaten für 1 Portion:

- Pfeffer
- 1 Zucchini
- 35 g geriebener Parmesan
- 1 Karotte
- 1 EL Olivenöl
- 1/2 Avocado
- 1 EL Sojasauce

Zubereitung:
Die Karotte schälen und mit den Zucchini zu feinen Streifen schneiden. Die Avocado entkernen und das Fruchtfleisch würfeln. Die Gemüsenudeln und die Avocado miteinander mischen und die Sojasauce unterheben. In einer Pfanne das Olivenöl erhitzen und die Gemüsenudeln darin anbraten. Danach den Käse darüber geben und schmelzen lassen. Vor dem Servieren abschmecken.

Puten-Tomaten-Salat

395 kcal / 5 g Kohlenhydrate / 25 g Eiweiß / 29 g Fett

Zutaten für 1 Portion:

- Salz und Pfeffer
- 2 EL Olivenöl
- 100 g Putenbrust
- 80 g Eichblattsalat
- 100 g Tomaten
- 100 g Gurke

Zubereitung:
Das Putenfleisch anbraten. Den Salat waschen. Die Gurke sowie die Tomaten waschen und klein schneiden. Das Putenfleisch würfeln. Den Salat mit der Gurke, den Tomaten und dem Putenfleisch sowie dem restlichen Olivenöl mischen. Den Salat anrichten.

Radieschen-Salat

304 kcal / 9 g Kohlenhydrate / 15 g Eiweiß / 22 g Fett

Zutaten für 1 Portion:

- Salz und Pfeffer
- 100 g Radieschen
- Muskat
- 2 Eier
- 1 EL Olivenöl
- 1 EL Milch, 3,5 % Fett
- 1 TL Butter
- 1 Frühlingszwiebel
- 5 g Petersilie

Zubereitung:
Die Radieschen waschen und in Scheiben schneiden. Danach mit Öl mischen. Die Eier mit der Milch verquirlen und mit Salz, Pfeffer sowie Muskat würzen. Die Petersilie und die Frühlingszwiebel waschen. Beides in Ringe schneiden. In einer Pfanne die Butter schmelzen. Die Frühlingszwiebel mit der Petersilie anbraten und die Eier darüber geben. Diese stocken lassen und zerkleinern. Das Rührei vom Herd nehmen und anrichten. Darauf etwas Butter geben und den Salat dazu anrichten.

Gegrilltes Gemüse mit Hähnchenfleisch

394 kcal / 22 g Kohlenhydrate / 46 g Eiweiß / 13 g Fett

Zutaten für 1 Portion:

- 1 Korianderzweig
- 150 g Hähnchenbrust
- Salz und Pfeffer
- 50 g Champignons
- 1 EL Olivenöl
- 1/2 rote Paprika
- 75 g Naturjoghurt
- 1 grüne Paprika
- 1 Frühlingszwiebel

Zubereitung:

Den Grill erhitzen. Das Gemüse entkernen und waschen. Das Hähnchenfleisch ebenfalls waschen und abtrocknen. Danach das Fleisch sowie das Gemüse mit etwas Öl beträufeln und unter Wenden grillen. Anschließend das Gemüse und das Fleisch klein schneiden. Den Joghurt mit Salz und Pfeffer würzen. Den Koriander waschen und hacken. Diesen unter den Joghurt heben und etwas Olivenöl unterrühren.

Nudelsalat mit Gemüse

425 kcal / 27 g Kohlenhydrate / 13 g Eiweiß / 27 g Fett

Zutaten für 1 Portion:

- Sesam
- 1 Zucchini
- Koriander
- 2 Karotten
- Minze
- 1 Paprika
- 1 TL Xucker
- 2 Frühlingszwiebeln
- 1 EL gehackter Ingwer
- 1 EL Mandelcreme
- 1 EL Sojasauce
- 1 EL Sesamöl

Zubereitung:

Zuerst das Gemüse schälen und waschen. Die Karotten, die Zucchini und die Paprika zu Nudeln schneiden. Die Frühlingszwiebeln waschen und in Ringe schneiden. Die Mandelcreme mit der Sojasauce, dem Sesamöl und dem Ingwer verrühren. Das Gemüse mit den Frühlingszwiebeln mischen und mit den Kräutern garnieren. Vor dem Servieren das Dressing unterheben.

Rot-Weißer Salat

316 kcal / 10 g Kohlenhydrate / 26 g Eiweiß / 18 g Fett

Zutaten für 1 Portion:

- Salz und Pfeffer
- 2 Tomaten
- 1 Prise getrockneter Oregano
- 1 Mozzarella
- Basilikum
- 1 EL Olivenöl
- 1 EL Balsamico-Creme

Zubereitung:
Die Tomaten waschen und in Scheiben schneiden. Diese auf einem Teller anrichten. Den Mozzarella abtropfen lassen und ebenfalls in Scheiben schneiden. Diese zwischen den Tomaten anrichten. Darüber Salz, Pfeffer, Oregano und Basilikum streuen. Vor dem Servieren Olivenöl und Balsamico darüber geben.

Fenchel-Salat

281 kcal / 18,1 g Kohlenhydrate / 4,6 g Eiweiß / 19,1 g Fett

Zutaten für 1 Portion:

- Salz und Pfeffer/150 g Knollensellerie
- 1 EL Salatkern-Mix/100 g Fenchel
- 1 TL Honig/1 Stange Staudensellerie
- 1 EL Zitronensaft/1 Frühlingszwiebel
- 2 EL Olivenöl
- 3 g Petersilie

Zubereitung:
Den Sellerie waschen und in Scheiben schneiden. Die Frühlingszwiebel und die Petersilie waschen. Beides hacken. Den Fenchel schälen und in Streifen schneiden. Den Knollensellerie schälen und raspeln. Das Gemüse mischen. Den Zitronensaft mit dem Honig und dem Olivenöl mischen. Das Dressing mit Salz und Pfeffer würzen. Das Dressing mit dem

Salat mischen und für 30 Minuten ziehen lassen. Den fertigen Salat mit den Salatkernen garnieren.

Sellerie-Käse-Salat

523 kcal / 22 g Kohlenhydrate / 21 g Eiweiß / 37 g Fett

Zutaten für 1 Portion:

- 1 EL Zitronensaft
- 150 g Stangensellerie
- 1 Prise Chiliflocken
- 150 g Gurke
- Salz und Pfeffer
- 60 g Apfel
- 1 TL Honig
- 1/2 Bund Schnittlauch
- 1 EL Balsamico-Essig
- 20 g Walnusskerne
- 1 EL Rapsöl
- 50 g Emmentaler

Zubereitung:

Den Sellerie waschen und in Scheiben schneiden. Den Schnittlauch waschen und hacken. Die Gurke sowie den Apfel waschen und klein schneiden. Den Käse in Würfel schneiden. Essig, Öl und Honig mischen. Das Dressing mit Salz, Chiliflocken und Pfeffer abschmecken. Das Gemüse mit dem Schnittlauch, dem Käse und dem Apfel mischen. Darüber das Dressing geben und mischen. Vor dem Servieren die Walnusskerne darüberstreuen.

Brokkoli-Eier-Salat

312 kcal / 15,1 g Kohlenhydrate / 24,4 g Eiweiß / 14,7 g Fett

Zutaten für 1 Portion:

- Salz und Pfeffer
- 250 g Brokkoli
- 1 EL Salatkern-Mix
- 50 g Champignons
- 1 EL Zitronensaft
- 1 Frühlingszwiebel
- 1 TL Senf
- 1 Ei
- 3 EL Joghurt

Zubereitung:

Den Brokkoli waschen und in Röschen teilen. Salzwasser aufkochen und den Brokkoli für 5 Minuten garen. Danach abschrecken. Das Ei für 10 Minuten hartkochen. Danach abkühlen lassen. Die Champignons waschen und in Scheiben schneiden. Die Frühlingszwiebel waschen und hacken. Die Champignons mit der Frühlingszwiebel und dem Brokkoli mischen. Den Joghurt mit dem Zitronensaft und dem Senf verrühren. Das Dressing mit Salz und Pfeffer würzen. Das Dressing über den Salat geben und verrühren. Den Salat ziehen lassen. Das Ei pellen und in Scheiben schneiden. Vor dem Servieren das Ei auf den Salat legen und den Salatkernmix darüber geben.

Lachs-Gurken-Salat

169 kcal / 10,5 g Kohlenhydrate / 12,4 g Eiweiß / 7,9 g Fett

Zutaten für 2 Portionen:

- Salz und Pfeffer/1 Gurke
- 1 TL Tafel-Meerrettich/2 Frühlingszwiebeln
- 1 EL Naturjoghur/1/2 Bund Dill
- 1 EL Mayonnaise/100 g Räucherlachs
- 1/2 Zitrone

Zubereitung:
Die Gurke waschen und würfeln. Die Frühlingszwiebeln waschen, hacken und mit der Gurke mischen. Den Lachs klein schneiden und unter die Gurke heben. Die Mayonnaise mit dem Joghurt und dem Meerrettich mischen. Den Dill hacken und unter das Dressing heben. Die Zitrone waschen und die Schale abreiben. Danach den Saft auspressen. Beides unter das Dressing mischen und mit Salz und Pfeffer abschmecken. Den Salat mit dem Dressing mischen und servieren.

Gurken-Baguette mit Thunfisch

108 kcal / 3,7 g Kohlenhydrate / 21 g Eiweiß / 1,2 g Fett

Zutaten für 2 Portionen:

- Salz und Pfeffer
- 150 g Thunfisch
- Saft einer halben Limette
- 1 Gurke
- Koriander
- 1 Chilischote
- 2 Cherrytomaten

Zubereitung:
Die Gurke waschen und die Enden entfernen. Danach längs halbieren und die Gurke entkernen. Den Thunfisch abtropfen lassen. Die Tomaten, den Koriander sowie die Chilischote hacken und mit dem Thunfisch verrühren. Die Masse mit Salz und Pfeffer würzen. Danach mit Limettensaft abschmecken. Die Thunfischmasse in die Gurken füllen.

Gemüse-Garnelen-Pfanne

216 kcal /20 g Kohlenhydrate / 20 g Eiweiß / 6 g Fett

Zutaten für 2 Portionen:

- Pfeffer
- 250 g Garnelen ohne Kopf und Darm
- Salz
- 400 ml Gemüsebrühe
- 200 ml Wasser
- 100 g Champignons
- 1/2 grüne Chilischote
- 40 g Reisnudeln
- 1/2 rote Chilischote
- 2 Frühlingszwiebeln
- 2 Knoblauchzehen
- 1 Tomate
- 1 Limette
- 1 EL Sesamöl
- 1 EL Fischsauce
- 1 EL Sojasauce

Zubereitung:

Das Gemüse und die Garnelen waschen. Die Champignons in Scheiben schneiden. Die Frühlingszwiebeln in Ringe schneiden. Die Tomate würfeln. Den Knoblauch schälen und in Scheiben schneiden. Die Chilischoten in Ringe schneiden. Die Gemüsebrühe erhitzen, vom Herd nehmen und die Reisnudeln darin garen. In einer Pfanne das Sesamöl erhitzen und die Garnelen zusammen mit dem Knoblauch anbraten. Die Chilischoten, die Champignons sowie die Tomate hinzugeben und mitbraten. Die Limette auspressen und den Limettensaft mit der Fischsauce, der Sojasauce und dem Wasser unterrühren. Die fertigen Reisnudeln mit den Frühlingszwiebeln zu dem Gemüse geben und die Gemüse-Garnelen-Pfanne erwärmen.

Fenchel-Kabeljau-Eintopf

408 kcal / 20 g Kohlenhydrate / 47 g Eiweiß / 15 g Fett

Zutaten für 2 Portionen:

- Pfeffer
- 400 g Fenchel
- Salz
- 350 g Kabeljaufilet
- 1/2 Bund Petersilie
- 2 Möhren
- 3 Pimentkörner
- 1 Stange Staudensellerie
- 1 Lorbeerblatt
- 1 Zwiebel
- 300 ml Gemüsebrühe
- 1 Knoblauchzehe
- 200 ml Fischbrühe
- 2 EL Olivenöl
- 1 EL Tomatenmark
- 2 Tomaten

Zubereitung:

Zuerst den Fenchel waschen, die Wurzel entfernen und den Fenchel würfeln. Den Staudensellerie waschen und würfeln. Die Zwiebel, die Möhren sowie den Knoblauch schälen und würfeln. In einem Topf 1 EL Öl erhitzen und das Gemüse darin anbraten. Danach das Tomatenmark unterrühren. Die Pimentkörner, die Tomaten, das Lorbeerblatt, die Fischbrühe und die Gemüsebrühe hinzugeben und für 15 Minuten köcheln lassen. Das Kabeljaufilet würfeln und anschließend mit in den Topf geben. Den Fisch für 5 Minuten köcheln lassen. Die Petersilie waschen, hacken und unterrühren. Den fertigen Eintopf anrichten und mit etwas Olivenöl garnieren.

Brokkoli-Gratin mit Seelachs

480 kcal / 6 g Kohlenhydrate / 53 g Eiweiß / 26 g Fett

Zutaten für 2 Portionen:

- Pfeffer
- 350 g Brokkoli
- Salz
- 250 g Seelachsfilet
- 1 EL gehackter Dill
- 1 TL Öl
- 50 g Parmesan
- 2 Eier
- 250 ml fettarme Milch
- Muskat

Zubereitung:

Zuerst den Brokkoli waschen und in Röschen teilen. Das Seelachsfilet waschen, abtrocknen und in Streifen schneiden. Eine Auflaufform mit Öl einreiben und den Lachs sowie den Brokkoli abwechselnd hineinschichten. Die Eier mit dem Muskat, der Milch, etwas Pfeffer und Salz verrühren. Die Mischung über den Fisch und den Brokkoli geben und für 25 Minuten bei 200 °C backen. Das fertige Gratin mit dem Dill garnieren.

Gemüsepüree mit Lachs

849 kcal / 28 g Kohlenhydrate / 48 g Eiweiß / 58 g Fett

Zutaten für 2 Portionen:

- Pfeffer
- 2 Lachsfilets
- Salz
- 50 g Mandelblättchen
- Muskat
- 2 Stängel Dill
- 50 g Schlagsahne
- 1 Zitrone
- 50 g Milch
- 1 EL Olivenöl
- 50 g Kartoffeln
- 300 g Pastinaken
- 60 g Erbsen

Zubereitung:
Die Lachsfilets waschen und abtrocknen. In einer Pfanne Öl erhitzen und den Lachs darin von beiden Seiten anbraten. Danach den Lachs in eine Auflaufform geben. Den Dill sowie die Mandelblättchen in dieselbe Pfanne geben und verrühren. Die Masse über dem Lachs verteilen und für 20 Minuten bei 160 °C garen. Die Kartoffeln sowie die Pastinaken schälen und würfeln. Salzwasser in einem Topf erhitzen und die Pastinaken mit den Kartoffeln darin für 10–15 Minuten kochen. Kurz vor Ablauf der Zeit die Erbsen hinzugeben. Das gegarte Gemüse abschütten. Die Milch sowie die Sahne in einen Topf geben und das Gemüse hinzugeben. Das Gemüse stampfen und mit Salz, Pfeffer sowie Muskat würzen. Das Gemüsepüree anrichten und den fertigen Lachs darauflegen. Mit der Zitrone garnieren und servieren.

Mandel-Lachs mit Dip

456 kcal / 11 g Kohlenhydrate / 34 g Eiweiß / 29 g Fett

Zutaten für 2 Portionen:

- Salz
- 2 Lachsfilets
- 1 TL Honig
- 30 g gemahlene Mandeln
- 1 TL Honig
- 1 EL Olivenöl
- 1 TL Senf
- 2 g Kurkuma
- 40 g Miracel Whip
- 1 TL Zitronensaft

Zubereitung:

Den Lachs in Streifen schneiden und mit etwas Öl einreiben. Danach mit Salz und Pfeffer würzen. Die gemahlenen Mandeln mit dem Kurkuma mischen. Die Lachsstreifen mit der Mandel-Kurkuma-Mischung panieren. Den Lachs auf ein Backblech legen und für 15 Minuten bei 200 °C backen. Den Senf mit dem Zitronensaft, dem Miracel Whip und dem Honig verrühren. Den Dip mit Pfeffer würzen und zusammen mit dem panierten Lachs servieren.

Zander mit Gemüse

557 kcal / 29 g Kohlenhydrate / 44 g Eiweiß / 28 g Fett

Zutaten für 2 Portionen:

- Pfeffer
- 400 g Zanderfilet mit Haut
- Salz
- 100 g rote Paprika
- 2 EL Butter
- 100 g gelbe Paprika
- 2 EL Olivenöl
- 100 g Brokkoli
- 2 Stängel Dill
- 1 Schalotte
- 1 Zitrone
- 50 g Reis

Zubereitung:

Den Zander waschen, abtrocknen und die Haut einritzen. Den Reis nach Anweisung kochen. Die Paprika entkernen, waschen und in Streifen schneiden. Den Brokkoli in Röschen teilen. Die Zitrone in Scheiben schneiden. Die Schalotte würfeln. In einer Pfanne 1 EL Öl und 1 EL Butter erhitzen und den Zander mit der Hautseite darin für 5 Minuten anbraten. Danach den Zander in eine ofenfeste Form mit der Haut nach oben legen und für 10 Minuten bei 160 °C garen. Die restliche Butter mit dem restlichen Öl in einer Pfanne erhitzen und die Schalotte darin anschwitzen. Das restliche Gemüse hinzugeben und mit Salz und Pfeffer würzen. Das Gemüse für 5–7 Minuten garen. Den Dill mit dem Reis vermischen und auf einem Teller anrichten. Das Gemüse darübergeben und auf das Gemüse den Zander legen.

Forelle mit Tomaten überbacken

563 kcal / 3 g Kohlenhydrate / 61 g Eiweiß / 33 g Fett

Zutaten für 2 Portionen:

- Pfeffer
- 2 küchenfertige Forellen
- Salz
- 10 Cherrytomaten
- Basilikum
- 60 g Butter
- 1 Zitrone

Zubereitung:

Die Forellen waschen, abtrocknen und den Kopf entfernen. In einer Pfanne 50 g Butter erhitzen und die Forellen von beiden Seiten anbraten. Die Cherrytomaten waschen und in Scheiben schneiden. Die Zitrone auspressen. Die Forellen in eine ofenfeste Form legen und unten aufklappen. Die Innenseiten mit Zitronensaft bestreichen und mit Salz und Pfeffer würzen. Die Forellen mit den Tomatenscheiben belegen und für 5–7 Minuten bei 180 °C backen. Vor dem Servieren die Forellen mit Basilikum garnieren.

Fisch-Frikadellen

238 kcal / 1 g Kohlenhydrate / 30 g Eiweiß / 13 g Fett

Zutaten für 2 Portionen:

- Pfeffer
- 300 g Lachsfilet ohne Haut
- Salz
- 1 Ei
- 1 TL Olivenöl
- 1 Schalotte
- 1 EL Butter
- 3 Stängel Koriander
- 1/2 TL geriebener Ingwer
- 2 Stängel Dill
- 1 TL Zitronensaft
- Knoblauch

Zubereitung:

Den Lachs waschen, abtrocknen und hacken. Die Schalotte schälen und würfeln. Den Knoblauch schälen und hacken. Den Dill und den Koriander hacken. Den Lachs mit dem Ei, der Schalotte, dem Ingwer, dem Knoblauch sowie dem Dill und dem Koriander verkneten. Die Masse mit Salz, Pfeffer und Zitronensaft würzen. Aus der Masse Frikadellen formen und für 2–3 Minuten von beiden Seiten braten.

Zucchini-Frischkäse-Suppe

213 kcal / 9 g Kohlenhydrate / 5 g Eiweiß / 316 g Fett

Zutaten für 6 Portionen:

- 1/2 Zwiebel
- 1 Prise Pfeffer
- 1 Knoblauchzehe
- 1 TL Salz
- 1/2 Bund Petersilie
- 50 g Kräuterfrischkäse
- 2 EL Sonnenblumenöl
- 250 ml Gemüsebrühe
- 250 g Zucchini
- 50 ml Weißwein
- 40 g Suppengrün

Zubereitung:

Die Zucchini waschen und würfeln. Den Knoblauch sowie die Zwiebel schälen und klein schneiden. Die Petersilie waschen und hacken. In einem Topf Öl erhitzen und den Knoblauch sowie die Zwiebel andünsten. Die Zucchini hinzugeben und anbraten. Das Suppengrün schälen und klein schneiden. Das Suppengrün mit in den Topf geben und anschließend mit dem Weißwein ablöschen. Danach die Brühe hinzuschütten und aufkochen. Die Suppe für 10 Minuten köcheln lassen und mit Salz und Pfeffer würzen. Anschließend den Frischkäse unterrühren und die Suppe pürieren.

Möhren-Garnelen-Suppe

220 kcal / 10 g Kohlenhydrate / 10 g Eiweiß / 15 g Fett

Zutaten für 4 Portionen:

- 200 g tiefgefrorene Garnelen
- 500 g Möhren
- 1 Prise Pfeffer
- 2 Zwiebeln
- 1 Prise Salz
- 1 Knoblauchzehe
- 50 g Schlagsahne
- 20 g Ingwerknolle
- 2 Lauchzwiebeln
- 4 EL natives Olivenöl
- 900 ml Gemüsebrühe
- 1 rote Chilischote
- 2 Stiele Koriander

Zubereitung:

Die Garnelen auftauen lassen. Die Möhren schälen und würfeln. Den Knoblauch und die Zwiebeln schälen und würfeln. Den Ingwer schälen und in Scheiben schneiden. In einer Pfanne 2 EL Öl erhitzen und den Knoblauch, die Zwiebeln und den Ingwer darin dünsten. Die Möhren hinzugeben und für 8 Minuten mitdünsten. Die Möhren mit der Brühe ablöschen und für 20 Minuten kochen. Den Koriander waschen und klein schneiden. Die Chilischote waschen und in Ringe schneiden. Die Lauchzwiebeln in Ringe schneiden. Die aufgetauten Garnelen abwaschen und abtrocknen. Öl erhitzen und die Garnelen anbraten. Danach mit Salz und Pfeffer würzen. Die Suppe pürieren und anrichten. Die Garnelen darauf drapieren.

Gemüsesuppe

71 kcal / 8 g Kohlenhydrate / 3 g Eiweiß / 0,8 g Fett

Zutaten für 2 Portionen:

- etwas Petersilie
- 750 ml Brühe
- 50 g Knollensellerie
- 70 g Möhren
- 50 g Porree
- 30 g gefrorene Erbsen
- 50 g grüne Bohnen
- 50 g Blumenkohl

Zubereitung:
Zuerst das Gemüse waschen, schälen und klein schneiden. Die Brühe erhitzen und das Gemüse darin aufkochen. Danach so lange kochen, bis es weich ist. Die fertige Gemüsesuppe abschmecken und servieren.

Cremige Brokkoli-Suppe

270 kcal / 12 g Kohlenhydrate / 17 g Eiweiß / 27 g Fett

Zutaten für 2 Portionen:

- 1 Prise Pfeffer
- 350 g Brokkoli
- 1 Prise Salz
- 1 Bund Frühlingszwiebeln
- Butter
- 250 ml Gemüsebrühe
- 1 Knoblauchzehe
- 250 ml Wasser
- 1 EL Mehl
- 125 ml Sahne
- 4 EL Parmesan

Zubereitung:

Das Wasser in einen Topf geben und aufkochen. Danach das Salz hinzugeben. Den Brokkoli in Röschen teilen und in dem Salzwasser für 5 Minuten köcheln. Den Brokkoli herausnehmen. Den Knoblauch schälen und hacken. Die Frühlingszwiebeln in Ringe schneiden. In einer Pfanne etwas Butter erhitzen und die Frühlingszwiebeln sowie den Knoblauch darin anschwitzen. Darüber Mehl geben, mit dem Kochwasser sowie der Gemüsebrühe auffüllen und aufkochen. Den Brokkoli hinzugeben und mit Salz und Pfeffer würzen. Die Suppe pürieren und die Sahne unterheben.

Mettbällchen-Suppe

440 kcal / 10 g Kohlenhydrate / 19 g Eiweiß / 34 g Fett

Zutaten für 4 Portionen:

- 1 Prise Salz
- 1 Stück Ingwer
- 3–4 Stiele Koriander
- 2 Zwiebeln
- 400 ml ungesüßte Kokosmilch
- 250 g gewürztes Mett
- 1–2 TL rote Currypaste
- 1 EL Öl
- 4 Kaffirlimettenblätter
- 3 Möhren
- 2 Stangen Zitronengras
- 500 g Brokkoli

Zubereitung:

Den Ingwer schälen und reiben. Die Zwiebeln schälen und klein schneiden. Das Mett mit der Hälfte der Zwiebeln und dem Ingwer vermischen. Aus der Masse Bällchen formen. In einem Topf das Öl erhitzen und die Mettbällchen darin anbraten. Die Möhren schälen und in Streifen schneiden. Den Brokkoli waschen und in Röschen teilen. Das Zitronengras waschen und halbieren. Die Limettenblätter waschen. Die fertigen Mettbällchen aus dem Topf nehmen. Die restlichen Zwiebeln mit der Currypaste in dem Bratfett dünsten und mit der Kokosmilch sowie 500 ml Wasser auffüllen. Die Möhren, den Brokkoli sowie das Zitronengras und die Limettenblätter hinzugeben und für 15 Minuten kochen. Den Koriander waschen und hacken. Das Zitronengras sowie die Limettenblätter aus der Suppe entfernen und die Mettbällchen hineingeben. Die fertige Suppe abschmecken.

Zwiebelsuppe

180 kcal / 9 g Kohlenhydrate / 2 g Eiweiß / 12 g Fett

Zutaten für 6 Portionen:

- etwas Paprikapulver
- 600 g Gemüsezwiebeln
- 2 Tomaten
- 2 EL Öl
- 2 TL Instant-Gemüsebrühe
- etwas Salz
- 150 g Schlagsahne
- etwas Pfeffer
- 200 ml trockener Weißwein
- 1 EL Zucker
- 1 EL Mehl
- 2 Tomaten

Zubereitung:

Die Zwiebeln schälen und klein schneiden. Öl in einem Topf erhitzen und die Zwiebeln darin dünsten. Danach etwas Mehl sowie Zucker darüber streuen und anschwitzen. Mit dem Wein, der Sahne und 600 ml Wasser ablöschen. Die Suppe aufkochen und die Brühe einrühren. Die Zwiebelsuppe für 10 Minuten kochen. Die Tomaten waschen und klein schneiden. Diese in die Zwiebelsuppe geben und mit dem Paprikapulver abschmecken.

Fruchtige Ingwer-Suppe

230 kcal / 6 g Kohlenhydrate / 15 g Eiweiß / 15 g Fett

Zutaten für 4 Portionen:

- etwas Chili-Öl
- 350 g Brokkoli
- 1/4 Topf Koriander
- etwas Salz
- Saft einer halben Zitrone
- 100 g Champignons
- 1–2 EL Sojasauce
- 200 g Hähnchenfilet
- 1 Dose Kokosmilch
- 10 g Ingwerwurzel
- 500 ml Gemüsebrühe
- 1–2 rote Chilischoten
- 2 Lauchzwiebeln

Zubereitung:

Zuerst den Brokkoli in Röschen teilen und in Salzwasser garen. Die Champignons waschen und klein schneiden. Den Brokkoli aus dem Wasser nehmen. Das Hähnchen waschen, abtrocknen und in Streifen schneiden. Den Ingwer schälen und hacken. Die Chilischoten entkernen und klein schneiden. Die Lauchzwiebel waschen und in Ringe schneiden. Die Brühe mit der Chili, der Kokosmilch sowie dem Ingwer aufkochen lassen und für 20 Minuten kochen. Danach die Suppe mit Zitronensaft, Salz und Sojasauce abschmecken. Das Hähnchen, den Brokkoli sowie die Champignons und die Lauchzwiebeln hinzugeben und für weitere 3–5 Minuten kochen. Den Koriander waschen, klein schneiden und über die Suppe streuen.

Sahne-Shrimps-Suppe mit Kokos

430 kcal / 9 g Kohlenhydrate / 13 g Eiweiß / 37 g Fett

Zutaten für 4 Portionen:

- etwas Shiso-Kresse
- 800 ml cremige Kokosmilch
- einige Kokoschips
- 100 g Schlagsahne
- 2 EL Limettensaft
- 100 ml Gemüsebrühe
- etwas Pfeffer
- 2–3 TL Thaicurrypulver
- etwas Salz
- 4 EL Chili-Chicken-Sauce
- 2 EL Wasabi-Nüsse
- 100 g gegarte Shrimps

Zubereitung:

Die Kokosmilch mit der Chicken-Sauce, der Sahne, dem Thaicurrypulver sowie der Gemüsebrühe mischen und erhitzen. Die Mischung für 5 Minuten köcheln lassen. Die Shrimps waschen und abtropfen lassen. Die Nüsse hacken. Die Shrimps in die Suppe geben und aufkochen. Danach die Suppe mit Limettensaft, Salz und Pfeffer abschmecken. Die fertige Suppe anrichten und mit der Kresse, den Nüssen sowie den Kokoschips garnieren.

Helle Gemüsesuppe

330 kcal / 11 g Kohlenhydrate / 22 g Eiweiß / 20 g Fett

Zutaten für 4 Portionen:

- 4 TL Mango-Chutney
- 1 Blumenkohl
- 1 Limette
- 1 Zwiebel
- 1 EL Speisestärke
- 300 g Lachsfilet
- 150 g Vollmilchjoghurt
- 1 EL Mandelblättchen
- 1 EL Instant-Gemüsebrühe
- 2 EL Öl
- 1 Prise Zucker
- 1 Prise Salz
- 1 Prise Kreuzkümmel
- 1 Prise Pfeffer
- 1 Prise Currypulver

Zubereitung:

Den Blumenkohl waschen und in Röschen teilen. Die Zwiebel schälen und würfeln. Die Limette auspressen. Den Lachs würfeln. Die Mandelblättchen ohne Öl anrösten. Öl in einem Topf erhitzen und den Fisch darin anbraten. Danach mit Salz und Pfeffer würzen und aus dem Topf nehmen. Die Zwiebeln in dem Fett anrösten und mit Kreuzkümmel sowie Curry würzen. Anschließend mit 1,25 l Wasser ablöschen und den Blumenkohl hinzugeben. Die Suppe aufkochen und die Gemüsebrühe und Mango-Chutney einrühren. Die Suppe für 18 Minuten köcheln lassen. Danach die Suppe pürieren und mit dem Limettensaft abschmecken. Den Joghurt sowie die Speisestärke einrühren und vor dem Servieren nochmals abschmecken.

Hackfleisch-Tomatensuppe

290 kcal / 8 g Kohlenhydrate / 18 g Eiweiß / 20 g Fett

Zutaten für 4 Portionen:

- 100 g Schlagsahne
- 1 Zwiebel
- 1 Knoblauchzehe
- 1–2 EL heller Balsamico-Essig
- 1 EL Öl
- einige Petersilienstiele
- 250 g Rinderhackfleisch
- 1 TL Instant-Gemüsebrühe
- etwas Salz
- 1 Dose Tomaten
- etwas Pfeffer
- 2 EL Tomatenmark
- 1/2 TL Zimt

Zubereitung:
Die Zwiebel und den Knoblauch schälen. Beides hacken. In einem Topf Öl erhitzen und das Hackfleisch darin anbraten. Danach das Hackfleisch mit Zimt, Salz und Pfeffer würzen. Das Hackfleisch aus dem Topf nehmen. In demselben Topf den Knoblauch sowie die Zwiebel dünsten. Danach das Tomatenmark einrühren und anschwitzen lassen. Die Tomaten sowie 250 ml Wasser hinzugeben und aufkochen. Die Gemüsebrühe und Sahne einrühren und die Suppe bei geschlossenem Deckel für 15 Minuten köcheln lassen. Die Suppe pürieren und mit dem Balsamico-Essig, dem Salz sowie dem Pfeffer würzen. Zum Schluss das Hackfleisch hinzugeben und die fertige Suppe anrichten.

Zucchini-Spaghetti mit Avocado-Pesto

Fett: 40 g; Protein: 36 g; Kohlenhydrate: 16 g; Kalorien: 440 /pro Portion

Zutaten für 2 Portionen:

- 1 EL Kokosnussöl
- 2 Zucchinis
- 250 g Hühnerbrustfilet
- Für das Pesto:
- Salz und Pfeffer
- 1 Avocado
- ½ Tasse Basilikum
- 2 EL Olivenöl
- ½ Tasse Wasser

Zubereitung:
In einer Pfanne das Öl erhitzen und das Fleisch darin garen. Die Zucchini zu Spaghetti schneiden. Alle Zutaten für das Pesto mischen und pürieren. Das gegarte Fleisch mit den Zucchini und dem Pesto vermischen und servieren.

Fisch mit Kokospanade

Fett: 20 g; Protein: 22 g; Kohlenhydrate: 41 g; Kalorien: 273 /pro Portion

Zutaten für 2 Portionen:

- 1 TL Salz/250 g Kabeljau
- 1 EL Olivenöl/2 EL Kokosraspeln
- 4 Tassen Brokkoliröschen
- 4 EL Mandelmehl

Zubereitung:
Zuerst den Backofen auf 200 °C vorheizen. Den Kabeljau mit Öl bestreichen. Die Kokosraspeln mit dem Mandelmehl und dem Salz mischen. Die Mischung über den Fisch geben und auf ein Backblech geben. Den Fisch für 10-12 Minuten backen. Den Brokkoli in Rösschen schneiden und dünsten.

Hackfleisch mit Grünkohl

Fett: 27 g; Protein: 25 g; Kohlenhydrate: 9 g; Kalorien: 429 /pro Portion

Zutaten für 2 Portionen:

- Salz und Pfeffer/400 g Rinderhackfleisch
- 2 EL Sesamöl/4 Tassen Grünkohl
- ¼ Tasse Frühlingszwiebeln/1 geraspelte Karotte
- 2 EL Kokos-Aminos
- ½ Tasse gehackte Zwiebel/1 Knoblauchzehe

Zubereitung:

In einer Pfanne das Öl erhitzen. Darin das Hackfleisch mit Salz und Pfeffer anbraten. Danach die Zwiebel sowie die Karotte und den Knoblauch hinzugeben. Den Grünkohl in Scheiben schneiden und ebenfalls hinzugeben. Alles bei geschlossenem Deckel und geringer Hitze für 8 Minuten dünsten. Das Ganze mit den Frühlingszwiebeln garnieren und servieren.

Blumenkohlreis

Fett: 38 g; Protein: 34 g; Kohlenhydrate: 19 g; Kalorien: 498 /pro Portion

Zutaten für 2 Portionen:

- 1 Spritzer Zitronensaft
- 2 Tassen Blumenkohlreis
- Salz und Pfeffer
- 250 g Rinderhackfleisch
- ½ Tasse Cheddar
- ½ Tasse gehackte Zwiebel
- 1 Avocado
- ½ Dose gewürfelte Tomaten

Zubereitung:

In einer Pfanne das Öl erhitzen und das Hackfleisch anbraten. Danach die Zwiebeln für 3 Minuten mitbraten. Mit den Tomaten das Ganze ablöschen und den Blumenkohlreis hinzugeben. Alles bei geschlossenem Deckel für 5 Minuten braten. Zum Schluss den Käse darüber streuen und mit der Avocado servieren.

Frittata

Fett: 68 g; Protein: 38 g; Kohlenhydrate: 14 g; Kalorien: 723 /pro Portion

Zutaten für 4 Portionen:

- Salz und Pfeffer/250 g getrimmter Spargel
- 6 Eier/2-3 EL Olivenöl
- 125 g Havartikäse
- 160 g Kirschtomaten
- 1 TL Dill

Zubereitung:

Den Backofen zuerst auf 180 °C vorheizen. Danach die Enden des Spargels entfernen und den Spargel in Stücke schneiden. In einer Pfanne das Öl erhitzen. Den Spargel darin für 3-4 Minuten braten. In der Zeit den Käse und die Tomaten würfeln. Die Tomaten und den Dill zu dem Spargel geben und für weitere 2 Minuten kochen lassen. Die Eier aufschlagen und ebenfalls mit in die Pfanne geben. Alles mit Salz und Pfeffer würzen. Darüber den Käse verteilen und für 8-10 Minuten alles braten lassen. Die Frittata auf ein Backblech geben und für ein paar Minuten im Backofen backen lassen.

Brokkoli-Salat nach asiatischer Art

Fett: 4,28 g; Protein: 1,8 g; Kohlenhydrate: 8,38 g; Kalorien: 62 /pro Portion

Zutaten für 8 Portionen:

- ½ EL Sesamsamen
- 350 g Brokkoli-Krautsalat
- 120 g Mandeljoghurt
- 2 EL Kokosöl/¼ TL Pfeffer
- 1 EL Kokosaminosäure
- ½ TL Salz/1 TL geriebener Ingwer

Zubereitung:

Das Öl in einem Topf erhitzen. Den Salat darin für 7 Minuten kochen. Danach die Kokosaminosäure unterrühren. Zum Schluss den Ingwer, Salz und Pfeffer einrühren. Mit dem Mandeljoghurt sowie den Sesamsamen garnieren.

Zucchini-Nudeln mit Avocado-Pesto

Fett: 26,08 g; Protein: 10,65 g; Kohlenhydrate: 15,21 g; Kalorien: 325 /pro Portion

- **Zutaten für 2 Portionen:**
- Für die Nudeln:
- ½ TL Salz/3 Zucchini
- Für das Pesto:
- 120 ml Wasser/½ Avocado
- 60 g geriebener Parmesan/240 g Basilikumblätter
- 2 Knoblauchzehen/60 g Walnüsse

Zubereitung:
Die Zucchini in Streifen schneiden und mit Salz bestreuen. In der Zeit alle Zutaten für das Pesto pürieren. In einer Pfanne 3 EL Olivenöl erhitzen. Die Zucchini darin für 3-5 Minuten anbraten. Danach das Pesto unter die Zucchini mischen und anrichten.

Mozzarella-Taler

Fett: 24,01 g; Protein: 14,46 g; Kohlenhydrate: 13,27 g; Kalorien: 323,67 /pro Portion

Zutaten für 3 Portionen:

- 3-4 Kirschtomaten
- 240 g Mandelmehl
- 220 g Mozzarellakugeln
- 1 Ei
- 3-4 Basilikumblätter
- 3 EL flüssiger Mozzarella
- 2 EL Pesto
- 1 TL Knoblauchpulver
- 60 g geriebener Parmesan

Zubereitung:
Zuerst den Backofen auf 190 °C vorheizen. Das Mandelmehl mit dem Knoblauchpulver und dem flüssigen Mozzarella mischen. Danach den Parmesan und das Ei hinzugeben und zu einem Teig verarbeiten. Aus dem Teig eine Kugel formen und diese auf ein Backblech

legen. Die Kugel zu einer Scheibe drücken und einen Rand formen. Darauf das Pesto verteilen und etwas einrollen. Das Ganze für 20-25 Minuten im Backofen backen.

Gemüsenudeln mit Avocado Sauce

Fett: 36,8 g; Protein: 8,6 g; Kohlenhydrate: 20,6 g; Kalorien: 396 /pro Portion

Zutaten für 2 Portionen:

- 12 Kirschtomaten
- 1 Zucchini/1 Avocado
- 300 g Basilikum/2 EL Zitronensaft
- 80 ml Wasser/4 EL Pinienkerne
- 4 EL Olivenöl

Zubereitung:
Die Zucchini in Streifen schneiden und für 2 Minuten in Salzwasser kochen. Danach abtropfen lassen. Bis auf die Tomaten alle anderen Zutaten pürieren. Die Sauce mit den Nudeln anrichten und den Tomaten garnieren.

Einfache Kokossuppe

Fett: 40,6 g; Protein: 5,6 g; Kohlenhydrate: 11,3 g; Kalorien: 386 /pro Portion

Zutaten für 6 Portionen:

- Salz und Pfeffer
- 1 Blumenkohl/60 g Kokosöl
- 1 Zwiebel/240 ml Kokosmilch
- 2 Knoblauchzehen/240 ml Gemüsebrühe
- 1 Lorbeerblatt/240 g Spinat/120 g Wasserkresse

Zubereitung:
Die Zwiebel, Knoblauch würfeln. In einem Topf Öl erhitzen und beiden anschwitzen. Blumenkohl und Lorbeerblatt hinzugeben und für 5 Minuten mitbraten. Danach unter Rühren den Spinat und die Kresse hinzugeben und kochen lassen. Das Ganze mit der Brühe ablöschen. Anschließend die Kokosmilch hinzugeben und mit Salz sowie Pfeffer abschmecken. Die fertige Suppe pürieren.

Zucchini gegrillt

Fett: 34,6 g; Protein: 4,1 g; Kohlenhydrate: 8,6 g; Kalorien: 231 /pro Portion

Zutaten für 2 Portionen:

- Salz und Pfeffer
- 120 g Butter/2 EL Petersilie
- 3 Knoblauchzehen/2 Zucchini
- 1 TL italienische Gewürzmischung/2 EL Zitronensaft

Zubereitung:
Die Zucchini in Scheiben schneiden. Die Butter mit den Gewürzen, dem Salz, Pfeffer und dem Knoblauch mischen. Die Zucchinischeiben damit bestreichen und von beiden Seiten grillen.

Brokkoli-Suppe

Fett: 36,7 g; Protein: 13 g; Kohlenhydrate: 5 g; Kalorien: 412 /pro Portion

Zutaten für 1 Portion:

- Salz und Pfeffer/80 g Brokkoli
- 2 EL Schlagsahne/2 EL Cheddar
- 120 ml Gemüsebrühe/1 EL Butterfett
- 1 Selleriestiel/1 TL Xanthan
- 1 TL Zwiebelpulver

Zubereitung:
Den Brokkoli klein schneiden. In einem Topf die Butter mit der Zwiebel, dem Salz, Pfeffer und dem Sellerie aufkochen. Danach den Brokkoli hinzugeben und für 2-3 Minuten kochen lassen. Das Ganze mit der Sahne ablöschen. Die Suppe mit den Kräutern abschmecken und aufkochen lassen. Danach den Käse bei geringer Hitze hinzugeben.

Kürbis-Risotto

Fett: 22,5 g; Protein: 6,6 g; Kohlenhydrate: 10,8 g; Kalorien: 126,8 /pro Portion

Zutaten für 4 Portionen:

- Salz und Pfeffer
- 60 g Lauch
- 60 ml Gemüsebrühe
- 2 EL Olivenöl
- 4 EL ungesalzene Butter
- 1 TL Paprika
- 60 g Nährhefe
- 720 g Blumenkohl
- 120 g Kürbis
- 1 TL Paprika

Zubereitung:
Den Lauch klein schneiden. Den Blumenkohl zerkleinern. Den Kürbis schälen und pürieren. Das Olivenöl in einem Topf erhitzen. Das Paprikapulver und den Lauch darin erhitzen. Mit Salz und Pfeffer würzen. Danach den Blumenkohl hinzugeben und umrühren. Mit der Brühe das Ganze ablöschen und für 10-15 Minuten kochen lassen. Zum Schluss das Kürbispüree und die Butter sowie die Hefe hinzugeben und nochmals umrühren.

Brokkoli-Salat mit Kokosnuss

Fett: 38,4 g; Protein: 2,2 g; Kohlenhydrate: 5,8 g; Kalorien: 138 /pro Portion

Zutaten für 8 Portionen:

- Salz und Pfeffer/350 g Brokkoli-Krautsalat
- ½ EL Sesamsamen/2 EL Kokosöl
- 120 g Joghurt/1 EL Kokosaminosäure
- 1 TL geriebener Ingwer

Zubereitung:
Den Salat für 7 Minuten bei mittlerer Hitze kochen. Danach die Aminosäure, den Ingwer, Salz und Pfeffer hinzugeben. Alles anrichten und mit dem Joghurt sowie dem Sesamsamen toppen.

Reis mit Bohnen

Fett: 32,2 g; Protein: 17,5 g; Kohlenhydrate: 13,6 g; Kalorien: 275 /pro Portion

Zutaten für 6 Portionen:

- 1 EL Oregano
- 720 g Blumenkohl/½ TL Cayennepfeffer
- 2 Dosen schwarze Sojabohnen
- 2 TL Knoblauchpulver/120 g Hanfsamen
- 1 TL Chilipulver
- 1 TL Zwiebelpulver
- 1 TL Kreuzkümmel

Zubereitung:
Alles außer dem Oregano für 3-4 Stunden bei mittlerer Hitze kochen. Danach den Oregano unterrühren und servieren.

Spargel mit Speck umwickelt

Fett: 20 g; Protein: 14 g; Kohlenhydrate: 5 g; Kalorien: 256 /pro Portion

Zutaten für 2 Portionen:

- Salz und Pfeffer
- 500 g Spargel
- 20 ml Kokosöl
- 100 g Frühstücksspeck

Zubereitung:
Zuerst den Spargel schälen und den Backofen auf 150 °C Umluft vorheizen. Je drei Spargel mit einer Speckscheibe umwickeln. Ein Backblech mit Kokosöl einfetten und die umwickelten Spargel darauf verteilen. Das Ganze für 20 Minuten im Backofen backen.

Gefülltes Hähnchen

Fett: 27 g; Protein: 64 g; Kohlenhydrate: 2 g; Kalorien: 508 /pro Portion

Zutaten für 3 Portionen:

- Salz und Pfeffer
- 600 g Hähnchenbrustfilet
- ½ Bund gehacktes Basilikum
- 80 g geriebener Cheddar/120 g Mozzarella/1 Tomate

Zubereitung:
Zuerst die Tomate und den Mozzarella in Scheiben schneiden. Den Backofen auf 180 °C Umluft vorheizen. Die Hähnchenbrust quer einschneiden und abwechselnd mit der Tomate sowie dem Mozzarella füllen. Eine Auflaufform einfetten und die gefüllten Hähnchenbrustfilets hineinlegen. Das Ganze mit Salz, Pfeffer und Basilikum sowie dem Cheddar bestreuen. Das Ganze für 40 Minuten im Backofen backen.

Joghurt mit Lachs

Fett: 12 g; Protein: 28 g; Kohlenhydrate: 3 g; Kalorien: 124 /pro Portion

Zutaten für 3 Portionen:

- Thymian/350 g Lachsfilet
- Rosmarin
- 150 g griechischer Sahnejoghurt
- Dill/1 Knoblauchzehe
- ½ TL Salz/1 EL Olivenöl
- 1 TL abrieb einer Zitrone

Zubereitung:
Die Knoblauchzehe schälen und hacken. Den Backofen auf 180 °C Ober-/Unterhitze vorheizen. Den Lachs salzen. Mit dem Olivenöl eine Auflaufform einfetten und den Lachs hineinlegen. Darüber die gehackten Kräuter sowie den Knoblauch verteilen. Das Ganze für 20 Minuten im Backofen backen. Die Zitrone abreiben und mit dem Joghurt verrühren. Den Lachs mit dem Joghurt servieren.

Zucchini-Shrimps-Pfanne

Fett: 2 g; Protein: 24 g; Kohlenhydrate: 7 g; Kalorien: 138 /pro Portion

Zutaten für 2 Portionen:

- Salz und Pfeffer
- 220 g Shrimps
- 1 Msp. Chiliflocken
- 2 Zucchini
- 45 ml Weißwein
- 1 Knoblauchzehe
- 2 EL Olivenöl
- 2 EL Zitronensaft

Zubereitung:
Den Knoblauch schälen und hacken. Die Zucchini zu Spaghetti schneiden. In einer Pfanne das Olivenöl erhitzen und die Shrimps mit dem Knoblauch anbraten. Das Ganze mit Salz und Pfeffer würzen. In einer separaten Pfanne den Wein mit den Chiliflocken und dem Zitronensaft aufkochen lassen. Dazu die Zucchini geben und für 2 Minuten köcheln lassen. Die Zucchinispaghetti mit den Shrimps anrichten und servieren.

Zucchini mit Thunfisch gefüllt

Fett: 13 g; Protein: 32 g; Kohlenhydrate: 9 g; Kalorien: 281 /pro Portion

Zutaten für 2 Portionen:

- Salz und Pfeffer/2 Zucchini
- 1 Knoblauchzehe/200 g Tomaten
- 1 Zwiebel/150 g Thunfisch
- 70 g geriebener Cheddar

Zubereitung:
Den Knoblauch und die Zwiebel schälen. Den Backofen auf 180 °C Umluft vorheizen. Beides in Würfel schneiden. Die Zucchini in der Länge halbieren und die Kerne entfernen. Die Zucchinihälften mit Salz sowie Pfeffer würzen. Den Thunfisch abtropfen lassen. In der Zeit die Tomaten würfeln. In die ausgehölten Zucchinis den Thunfisch, die Tomaten, die Zwiebeln und den Knoblauch füllen. Das Ganze mit dem Käse bestreuen. Die Zucchini für 20 Minuten im Backofen backen.

Muffins mit Spargel

Fett: 13 g; Protein: 10 g; Kohlenhydrate: 0 g; Kalorien: 160 /pro Portion

Zutaten für 8 Muffins:

- Salz und Pfeffer
- 200 g frischer Spargel
- 20 g geriebener Parmesan
- 120 g Frischkäse
- 60 g geriebener Mozzarella
- 8 Eier
- 45 ml Sahne

Zubereitung:
Den Backofen auf 160 °C Umluft vorheizen. Den Spargel schälen und klein schneiden. Die Eier mit der Sahne, dem Frischkäse, dem Parmesan vermischen und mit Salz sowie Pfeffer abschmecken. Muffinförmchen einfetten und den Teig hineinverteilen. Darauf den Spargel geben und das Ganze mit dem Mozzarella bestreuen. Die Muffins für 20 Minuten im Backofen backen.

Gebratene Shrimps-Spieße

Fett: 2 g; Protein: 23 g; Kohlenhydrate: 1 g; Kalorien: 104 /pro Portion

Zutaten für 2 Portionen:

- Salz und Pfeffer/225 g Shrimps
- Chiliflocken/1 EL Zitronensaft

Zubereitung:
Die Shrimps gleichmäßig auf die Holzspieße verteilen und mit dem Zitronensaft beträufeln. Die Spieße würzen und in einer Pfanne von allen Seiten anbraten.

Gefüllter Auberginen-Fächer

Fett: 13 g; Protein: 16 g; Kohlenhydrate: 11 g; Kalorien: 225 /pro Portion

Zutaten für 2 Portionen:

- frische Basilikumblätter/2 Auberginen
- Salz2 Tomaten
- italienische Kräuter
- 120 g Mozzarella
- 2 EL Olivenöl

Zubereitung:

Zuerst die Auberginen fächerartig einschneiden. Den Backofen auf 150 °C Umluft vorheizen. Diese mit Salz würzen. Die Tomaten sowie den Mozzarella in Scheiben schneiden. Die Scheiben abwechselnd in die Fächer der Auberginen verteilen. Darüber die Basilikumblätter sowie die italienischen Kräuter streuen. Eine Auflaufform einfetten und die Auberginen hineinlegen. Das Ganze für 40 Minuten im Backofen garen.

Hackfleisch-Gemüse-Auflauf

Fett: 36 g; Protein: 38 g; Kohlenhydrate: 4 g; Kalorien: 492 /pro Portion

Zutaten für 4 Portionen:

- 1 Handvoll frischer Petersilie/500 g gemischtes Hackfleisch
- 1 Handvoll frisches Basilikum/1 Knoblauchzehe
- 2 Zucchini/120 g geriebener Cheddar
- 240 g Tomaten/80 g geriebener Mozzarella

Zubereitung:

Den Knoblauch schälen und würfeln. Die Tomaten würfeln. Die Kräuter hacken. Die Tomate mit den Kräutern vermischen. Das Ganze mit Salz und Pfeffer würzen. Die Zucchini in Scheiben schneiden. In einer Pfanne das Hackfleisch anbraten. Danach die Tomaten hinzugeben und alles kurz köcheln lassen. Den Backofen auf 180 °C Umluft vorheizen. Eine Auflaufform einfetten und ca. 1/3 des Hackfleischs hineingeben. Danach die Hälfte der Zucchini darauf verteilen. Darauf wieder 1/3 des Hackfleischs verteilen. Darauf den Mozzarella streuen. Die restlichen Zucchini sowie das restliche Hackfleisch verteilen. Zum Schluss das Ganze mit dem Cheddar bestreuen. Den Auflauf für 20 Minuten backen.

Frikadellen

Fett: 8 g; Protein: 9 g; Kohlenhydrate: 0 g; Kalorien: 108 /pro Portion

Zutaten für 12 Stück:

- Salz und Pfeffer/500 g gemischtes Hackfleisch
- ½ TL Cayennepfeffer/1 Ei
- 1 Msp. Kumin/1 EL MCT-Öl
- 1 TL Dijon-Senf

Zubereitung:
In einer Pfanne das Öl erhitzen. Alle restlichen Zutaten miteinander vermischen und aus der Masse Frikadellen formen. Die Frikadellen von allen Seiten in der Pfanne anbraten und servieren.

Spiegelei mit Bohnen

Fett: 26 g; Protein: 17 g; Kohlenhydrate: 13 g; Kalorien: 360 /pro Portion

Zutaten für 4 Portionen:

- Salz/1 Dose Tomaten/Chilipulver
- 1 Dose Mais-Kidneybohnen-Paprika-Mischung
- 80 g geriebener Gouda/1 Zwiebel/Petersilienstiele
- 2 Knoblauchzehen/4 Eier
- 1 EL Tomatenmark
- 200 ml Wasser
- 3 EL Öl

Zubereitung:
Den Knoblauch und die Zwiebel schälen. Beides würfeln. In einem Topf 2 EL Öl erhitzen und die Zwiebel sowie den Knoblauch darin dünsten. Danach das Tomatenmark hinzugeben. Mit dem Wasser, den Dosen-Tomaten sowie der Maismischung das Ganze ablöschen und würzen. Für 7 Minuten köcheln lassen. In einer separaten Pfanne das restliche Öl erhitzen und die Eier zu Spiegeleiern braten. Die fertigen Eier würzen und mit dem Käse bestreuen. Die Sauce anrichten und die Eier darauflegen. Zum Schluss alles mit gehackter Petersilie bestreuen.

Pilz-Omelette

Fett: 19 g; Protein: 17 g; Kohlenhydrate: 1 g; Kalorien: 240 /pro Portion

Zutaten für 4 Portionen:

- Salz
- 200 g Champignons
- Paprikapulver
- 8 Eier
- 5 EL Mandelmilch
- 2 TL Kurkumapaste
- 2 EL Olivenöl
- Korianderstiele

Zubereitung:
Die Champignons putzen und in Scheiben schneiden. Die Milch mit den Eiern, der Kurkumapaste sowie den Gewürzen verquirlen. Den Koriander hacken und ca. 3/4 unter die Eiermasse geben. Den Backofen auf 200 °C Umluft vorheizen. Das Öl in einer Pfanne erhitzen und die Champignons anbraten. Danach die Eiermasse hinzugeben und für weitere 3 Minuten stocken lassen. Das Omelette in den Backofen geben und für weitere 5 Minuten stocken lassen. Zum Schluss den restlichen Koriander drüberstreuen und servieren.

Gemüsenudeln mit Tomaten und Pesto

Fett: 23 g; Protein: 7 g; Kohlenhydrate: 5 g; Kalorien: 250 /pro Portion

Zutaten für 4 Portionen:

- Salz und Pfeffer/2 Zucchini
- 1 Topf Basilikum/150 g Kirschtomaten
- 75 ml Olivenöl/1 Knoblauchzehe
- 50 g geriebener Parmesan

Zubereitung:
Die Knoblauchzehe schälen und würfeln. Die Zucchini zu Spaghetti schneiden. Die Kirschtomaten halbieren. Die Blätter vom Basilikum zupfen und die Hälfte mit dem Knoblauch, dem Olivenöl und dem Parmesan pürieren. Die Zucchini mit dem Pesto sowie den Kirschtomaten mischen. Zum servieren das restliche Basilikum drüberstreuen.

Steak mit Avocado und Tomaten

Fett: 34 g; Protein: 27 g; Kohlenhydrate: 4 g; Kalorien: 430 /pro Portion

Zutaten für 2 Portionen:

- Salz und Pfeffer
- 1 Ribeye-Steak
- 2 EL Olivenöl
- 300 g Kirschtomaten
- ½ Bund gehackte Petersilie
- 1 Avocado
- 2 EL Limettensaft
- 1 Zwiebel

Zubereitung:
Die Zwiebel schälen und würfeln. Das Steak in Streifen schneiden. In einer Pfanne das Öl erhitzen und das Steak darin anbraten. Anschließend mit Salz, Pfeffer würzen und aus der Pfanne nehmen. Die Kirschtomaten halbieren. Die Avocado schälen, entkernen und das Fruchtfleisch kleinschneiden. Die Tomaten mit der Zwiebel anbraten. Danach das Avocado-Fruchtfleisch hinzugeben und erhitzen. Alles zusammen auf einem Teller anrichten und mit der gehackten Petersilie bestreuen.

Romanesco-Pilz-Salat

Fett: 12 g; Protein: 20 g; Kohlenhydrate: 4 g; Kalorien: 164 /pro Portion

Zutaten für 1 Portion:

- Salz und Pfeffer
- 75 g Feta
- 2 EL Olivenöl
- 1 Kopf Romanesco-Salat
- 2 EL Salatkornmix
- 3 Champignons

Zubereitung:
Den Feta und den Salat sowie die Pilze klein schneiden. Alles mit den restlichen Zutaten vermischen. Zum Schluss mit Salz und Pfeffer abschmecken.

Hühnerfleisch-Salat

Fett: 39 g; Protein: 39 g; Kohlenhydrate: 5 g; Kalorien: 524 /pro Portion

Zutaten für 2 Portionen:

- Salz und Pfeffer
- 2 Tassen Spinat/1 EL Olivenöl
- 120 g gebratenes Hühnerbrustfilet
- ½ Avocado/1 gekochtes Ei
- 2 Scheiben Schinken
- ½ Tasse Gurke

Zubereitung:
Das Ei kochen. Den Spinat waschen und mit der Gurke klein schneiden. Die Avocado entsteinen und das Fruchtfleisch würfeln. Den Schinken klein schneiden. Das Fleisch in einer Pfanne anbraten und würfeln. Alles vermischen und mit Olivenöl, Salz und Pfeffer abschmecken.

Salat mit Taccos

Fett: 33 g; Protein: 33 g; Kohlenhydrate: 5 g; Kalorien: 480 /pro Portion

Zutaten für 2 Portionen:

- ½ TL Cayennepfeffer/4 Tassen Römer-Salat
- 1 TL Zwiebelpulver/250 g Rinderhackfleisch
- 1 TL Knoblauchpulver
- 1 Avocado
- 1 EL Paprika
- ½ Tasse Salsa
- 2 EL Sauerrahm
- ½ Tasse geriebener Cheddar

Zubereitung:
Das Kokosöl in einer Pfanne erhitzen. Das Hackfleisch darin anbraten. Den Salat waschen und hacken. Das Hackfleisch würzen. Den Salat in eine Schüssel geben und das Hackfleisch darauf verteilen. Auf das Hackfleisch die Avocado, die Salsa den Käse sowie den Sauerrahm verteilen.

Chicken-Salat

Fett: 34 g; Protein: 33 g; Kohlenhydrate: 20 g; Kalorien: 499 /pro Portion

Zutaten für 2 Portionen:

- 1 TL Kokosöl
- 250 g Hühnerbrustfilet
- 2 EL Sesamsamen
- 4 Tassen Spinat
- 2 EL Mandelblättchen
- 1 Tomate
- ½ Tasse Sojasprossen
- ½ Tasse klein geschnittene rote Zwiebel

Zubereitung:
Zuerst den Backofen auf 175 °C vorheizen. Danach das Fleisch darin für 30 Minuten backen. Das Gemüse klein schneiden und mit dem Sesam- sowie dem Kokosöl mischen. Das Fleisch zerkleinern und unter den Salat heben. Das Ganze mit den Sesamsamen und den Mandelblättchen garnieren.

Brokkoli-Schinken-Salat

Fett: 34 g; Protein: 12 g; Kohlenhydrate: 10 g; Kalorien: 392 /pro Portion

Zutaten für 2 Portionen:

- Salz und Pfeffer
- 2 Tassen Brokkoli/2 EL Avocado-Mayonnaise
- 2 Scheiben Schinken/1 EL Mandelblätter
- ¼ Tasse rote Zwiebel

Zubereitung:
Den Schinken klein schneiden. Die Zwiebel hacken. Den Brokkoli in Rösschen teilen und mit den restlichen Zutaten mischen. Das Ganze mit Salz und Pfeffer abschmecken.

Lachs gebraten

Fett: 15 g; Protein: 25 g; Kohlenhydrate: 4 g; Kalorien: 249 /pro Portion

Zutaten für 1 Portion:

- 1 EL Olivenöl
- 150 g Lachsfilet
- 10 Stangen grüner Spargel

Zubereitung:
Zuerst den Backofen auf 175 °C vorheizen. Den Spargel waschen und die Enden entfernen. Den Spargel mit dem Lachs sowie dem Olivenöl mischen und mit Salz und Pfeffer würzen. Alles auf ein Backblech geben und für 20 Minuten backen.

Geschnetzeltes mit Blumenkohlreis

Fett: 37 g; Protein: 34 g; Kohlenhydrate: 19 g; Kalorien: 249 /pro Portion

Zutaten für 2 Portionen:

- ½ TL Cayennepfeffer/250 g Rinderfiletstreifen
- 1 TL Zwiebelpulver/1 rote Paprika
- 1 TL Knoblauchpulver/½ Tasse Guacamole
- 1 EL Paprika/2 Tassen Blumenkohlreis
- 1 EL Olivenöl/½ Tasse gehackte Zwiebel
- 1 EL Kokosöl/1 Knoblauchzehe

Zubereitung:
Das Kokosöl in einer Pfanne erhitzen und die Zwiebel sowie den Knoblauch darin anbraten. Danach das Fleisch hinzugeben und für 3-5 Minuten mitbraten. Die Paprika in Streifen schneiden und zu dem Fleisch geben. Alles für weitere 5 Minuten anbraten. Den Blumenkohl klein hacken und in einer separaten Pfanne mit Salz, Pfeffer und Olivenöl erhitzen. Alles zusammen anrichten und servieren.

Lammfrikadellen mit Dip

Fett: 40 g; Protein: 36 g; Kohlenhydrate: 23 g; Kalorien: 542 /pro Portion

Zutaten für 2 Portionen:

- Für den Dip: Salz und Pfeffer/1 Tasse griechischer Joghurt
- 1 Knoblauchzehe/½ Gurke/1 EL Dill
- Für die Frikadellen:
- 2 Tassen Blattsalat/450 g Lammhackfleisch
- 1 EL Kokosöl/1 TL gemahlene Paprika
- ½ TL gemahlener Pfeffer/1 TL Salz

Zubereitung:
In einer Schüssel das Lamm mit Salz, Pfeffer und Paprika mischen. Aus der Masse Frikadellen formen. In einer Pfanne das Kokosöl erhitzen. Die Frikadellen von allen Seiten darin anbraten. Für den Dip die Gurke in Scheiben schneiden und mit den restlichen Zutaten mischen. Die fertigen Frikadellen mit dem Salat und dem Dip anrichten.

Romer-Salat mit Thunfisch

Fett: 18 g; Protein: 12 g; Kohlenhydrate: 4 g; Kalorien: 214 /pro Portion

Zutaten für 2 Portionen:

- Salz und Pfeffer/280 g Thunfisch aus der Dose
- 50 g Sellerie/200 g Römer-Salat/2 TL Senf/115 g Mayonnaise
- 1 EL rote Zwiebel/2 EL Dillgurken

Zubereitung:
Den Salat waschen und klein schneiden. Die Dillgurken sowie die Zwiebel würfeln. Den Sellerie ebenfalls würfeln. Den Thunfisch abtropfen lassen und etwas zerkleinern. Alle Zutaten miteinander vermischen und anrichten.

Pute mit Rotkohl

Fett: 21 g; Protein: 40 g; Kohlenhydrate: 13 g; Kalorien: 410 /pro Portion

Zutaten für 4 Portionen:

- 1 EL Öl
- 750 g Rotkohl
- 3 Minzzweige
- 125 g Kokosnussfleisch
- ½ Topf gehacktes Basilikum
- 1 Bund Lauchzwiebeln
- Salz und Pfeffer
- 4 Putensteaks
- 3 EL Sojasauce
- 4 EL Apfelessig
- 1 EL flüssiger Honig
- 3 EL Sesamöl

Zubereitung:

Den Rotkohl in Streifen schneide. Die Lauchzwiebeln in Ringe schneiden. Die Minze hacken. Den Rotkohl mit 1 TL Salz würzen. Aus dem Honig, Apfelessig, Pfeffer sowie der Sojasauce ein Dressing herstellen Danach das Sesamöl unterheben. Das Kokosnussfleisch reiben. Den Rotkohl mit der Kokosmuss, der Minze, der Zwiebel sowie dem Basilikum und dem Dressing verrühren. In einer Pfanne das Öl erhitzen und die Steaks darin von allen Seiten anbraten. Danach würzen und mit dem Salat servieren.

Bunter Schichtsalat

Fett: 17 g; Protein: 11 g; Kohlenhydrate: 6 g; Kalorien: 220 /pro Portion

Zutaten für 6 Portionen:

- Salz und Pfeffer
- 4 Eier
- ½ Beet Kresse
- 1 Bund Radieschen
- 3 EL Olivenöl
- 125 g gekochter Schinken
- 2 TL Senf
- 1 Mini-Römer-Salat
- 1 TL Honig
- ½ Bund Schnittlauch
- 3 EL Balsamico-Essig
- 150 g Joghurt-Salat-Creme
- 50 g Sahne-Joghurt

Zubereitung:

Die Eier zuerst hart kochen. Danach pellen und hacken. Den Schinken in Würfel schneiden. Die Radieschen waschen und in Scheiben schneiden. Den Salat in Streifen schneiden. Den Schnittlauch in Röllchen schneiden. Aus dem Essig, ½ TL Senf, Öl, Honig sowie Salz und Pfeffer ein Dressing herstellen. Den restlichen Senf mit der Joghurt-Salat-Creme verrühren und mit Salz sowie Pfeffer abschmecken. Die Eier mit der Salat-Creme und dem Schnittlauch verrühren. In Gläser zuerst die Eier-Masse, danach den Kochschinken, den Salat, die Radieschen, das Dressing und die Kresse geben.

Avocado-Algen Salat mit Garnelen

Fett: 32 g; Protein: 25 g; Kohlenhydrate: 4 g; Kalorien: 410 /pro Portion

Zutaten für 4 Portionen:

- Salz und Pfeffer
- 400 g tiefgefrorene Garnelen ohne Kopf und Schale
- 1 EL Zitronensaft/1 Avocado
- 1 EL Öl/150 g Feldsalat
- 75 g Walnüsse/1 Zwiebel
- 200 g Algensalat vom Fischhändler

Zubereitung:

Die Zwiebel schälen und würfeln. Die Garnelen auftauen und das Fruchtfleisch aus der Avocado nehmen. Danach das Avocado-Fruchtfleisch in Scheiben schneiden und mit etwas Zitronensaft beträufeln. In einer Pfanne Öl erhitzen und die Garnelen anbraten. Mit Salz und Pfeffer würzen. Den Algensalat mit dem Avocado-Fruchtfleisch, den Zwiebeln, dem Feldsalat sowie den Walnüssen mischen. Den fertigen Salat mit den Garnelen anrichten.

Kohlrabi-Apfel-Salat

Fett: 12 g; Protein: 6 g; Kohlenhydrate: 7 g; Kalorien: 160 /pro Portion

Zutaten für 2 Portionen:

- 1 Bund gehackte Petersilie
- 1 Kohlrabi
- 2 EL Zitronensaft
- 1 Apfel
- 6 EL Hafersahne
- 2 Pastinaken
- 2 EL Olivenöl
- 2 cm geriebener Ingwer
- ½ Zitrone

Zubereitung:
Das Olivenöl mit der Sahne und dem Zitronensaft sowie der Petersilie zu einem Dressing verrühren. Die halbe Zitrone auspressen. Die Pastinaken, den Apfel und den Kohlrabi schälen und raspeln. Den Apfel mit Zitronensaft beträufeln. Alles mit dem Ingwer mischen und das Dressing darüber verteilen.

Gebratener Brokkoli

Fett: 50 g; Protein: 9 g; Kohlenhydrate: 7 g; Kalorien: 528 /pro Portion

Zutaten für 1 Portion:

- Salz und Pfeffer
- 200 g Brokkoli
- 10 g Sesamsamen
- 1 EL Kokosöl
- 1 Knoblauchzehe
- 2 EL Olivenöl

Zubereitung:
Den Knoblauch schälen und würfeln. Den Brokkoli in Röschen teilen. In einer Pfanne das Kokosöl erhitzen und den Brokkoli anbraten. Danach den Knoblauch und die Sesamsamen hinzugeben und zusammen mit dem Olivenöl anrichten.

Gegrillte Kräuter-Forelle

Fett: 7 g; Protein: 48 g; Kohlenhydrate: 1 g; Kalorien: 398 /pro Portion

Zutaten für 2 Portionen:

- 2 Rosmarinzweige
- 520 g Forelle
- 4 Thymianzweige
- 10 ml MCT-Öl/1 TL Salz

Zubereitung:
Den Backofen auf Grill stellen und auf 160 °C vorheizen. Die Forelle waschen und trocken tupfen. Danach mit Salz würzen und von beiden Seiten einschneiden. Den Fisch in eine Pfanne geben, mit den Kräutern bestreuen und mit dem Öl einreiben. Das Ganze in den Backofen geben und für 15 Minuten grillen. Den Fisch so lange Grillen, bis dieser knusprig und gar ist.

Pizza mit Gemüse

Fett: 3 g; Protein: 3 g; Kohlenhydrate: 1 g; Kalorien: 65 /pro Portion

Zutaten für 12 Portionen:

- Salz und Pfeffer/1 Aubergine
- 1 EL italienische Kräuter/110 g geschredderten Mozzarella
- 20 g Tomatenmark/60 g Champignons
- 100 g Tomaten
- 2 EL Olivenöl
- 1 Chilischote

Zubereitung:
Zuerst den Backofen auf 180 °C vorheizen. Die Aubergine in Scheiben schneiden und mit Salz würzen. Die Aubergine für 10 Minuten im Backofen garen. Das Tomatenmark mit den Gewürzen und dem Olivenöl mischen. Die Mischung auf die Auberginen geben. Den Mozzarella, die Tomaten, die Chilischote sowie die Champignons klein schneiden und ebenfalls auf der Aubergine verteilen. Das Ganze für weitere 10 Minuten im Backofen backen.

Gefüllte Hühnerbrust

Fett: 9 g; Protein: 37 g; Kohlenhydrate: 1 g; Kalorien: 250 /pro Portion

Zutaten für 4 Portionen:

- Salz und Pfeffer
- 500 g Hühnerbrustfilet
- 30 g Spinat
- 125 g Mozzarella
- 125 g Tomaten

Zubereitung:
Die Hühnerbrust an einer Seite aufschneiden und flachklopfen. Mit Salz und Pfeffer würzen. Das Fleisch mit Mozzarella, Tomaten sowie Spinat füllen und fixieren. Eine Pfanne erhitzen und das Fleisch darin von allen Seiten anbraten. Danach bei geringer Temperatur für 20 Minuten garen.

Omelette mit Ziegenkäse

Fett: 24 g; Protein: 17 g; Kohlenhydrate: 4 g; Kalorien: 301 /pro Portion

Zutaten für 1 Portion:

- Salz und Pfeffer
- 30 g Ziegenfrischkäse/3 ml Wasser
- 1 EL Schnittlauch/1 EL Petersilie
- 10 ml Kokosöl/2 Eier

Zubereitung:
Den Schnittlauch sowie die Petersilie waschen und klein schneiden. Die Eier mit Salz, Pfeffer und Wasser verquirlen. In einer Pfanne das Kokosöl erhitzen und die Eiermischung hineingeben. Das Ganze stocken lassen. Den Ziegenfrischkäse auf eine Seite des Omeletts streichen und die Kräuter darüber geben. Das Omelette zusammenklappen und servieren.

Lachs-Pancakes-Röllchen

Fett: 23 g; Protein: 21 g; Kohlenhydrate: 2 g; Kalorien: 370 /pro Portion

Zutaten für 2 Portionen:

- Für die Pancakes: 80 g Frischkäse/3 Eier
- Für die Füllung: 85 g Räucherlachs/40 g Frischkäse

Zubereitung:
Die Eier mit dem Frischkäse für den Teig verrühren. In einer Pfanne aus dem Teig Pancakes ausbacken. Die fertigen Pancakes mit dem Frischkäse bestreichen und den Räucherlachs darauf verteilen. Die fertigen Pancakes zusammenrollen und servieren.

Fischsuppe

Fett: 26 g; Protein: 21 g; Kohlenhydrate: 6 g; Kalorien: 351 /pro Portion

Zutaten für 4 Portionen:

- 1TL Salz/480 g Heilbutt
- 30 g Red Curry Paste/1 EL MCT-Öl
- 50 ml Limettensaft/120 g Schalotten
- 1 Handvoll Petersilie/400 ml Kokosmilch
- 20 g Frühlingszwiebeln

Zubereitung:
In einer Pfanne das Öl erhitzen. Die Schalotten klein schneiden und in der Pfanne anbraten. Das Ganze mit der Brühe und der Paste sowie der Kokosmilch ablöschen. Alles für 5 Minuten köcheln lassen. Den Fisch waschen und in die Suppe geben. Die Suppe nochmals für 8-10 Minuten köcheln lassen und mit Salz würzen. Die Frühlingszwiebeln klein schneiden und mit der fertigen Fischsuppe servieren.

Sauerkraut mit Kasseler

Fett: 8 g; Protein: 40 g; Kohlenhydrate: 1 g; Kalorien: 248 /pro Portion

Zutaten für 1 Portion:

- ¼ Zwiebel
- 150 g Kasseler
- 150 g Sauerkraut
- Optional:
- Wacholderbeeren
- 1 Lorbeerblatt
- 3 Nelken
- schwarze Pfefferkörner

Zubereitung:
In einer Pfanne etwas Öl erhitzen. Das Kasseler von beiden Seiten anbraten und mit Pfeffer würzen. Das Sauerkraut abtropfen lassen und ebenfalls in der Pfanne erhitzen.

Speckpfanne

Fett: 5 g; Protein: 6 g; Kohlenhydrate: 6 g; Kalorien: 105 /pro Portion

Zutaten für 3 Portionen:

- ½ TL Rote Pfeffer
- 200 g Zuckerschoten/6 g Knoblauch
- 90 ml Zitronensaft/60 g gewürfelter Speck

Zubereitung:
Den Knoblauch schälen und hacken. Den Speck in einer Pfanne anbraten. Danach die Zuckerschoten sowie den Knoblauch hinzugeben und bei geringer Hitze für 1-2 Minuten garen. Danach den Zitronensaft hinzugeben und für weitere 2 Minuten köcheln lassen. Die Zuckerschoten entfernen und mit den Pfefferflocken garnieren.

Snacks

Soja-Dattel-Riegel

98 kcal / 5 g Kohlenhydrate / 12 g Eiweiß / 2 g Fett

Zutaten für 8 Stück:

- 1 EL Erdnussmus
- 100 g entölte Sojaflocken
- 50 ml Sojadrink
- 50 g Socas Protein Fine Flakes
- 3 Datteln
- 20 g Whey Vanille-Proteinpulver

Zubereitung:

Den Backofen auf 175 °C Umluft vorheizen. Die Datteln entsteinen und hacken. Danach mit den Socas Flakes, dem Sojadrink, dem Erdnussmus und dem Proteinpulver verrühren. Die Masse verkneten und auf einem Backblech verteilen. Danach für 8–10 Minuten backen. Anschließend die Masse in Riegel schneiden und abkühlen lassen.

Gemüsesalat mit Avocado

382 kcal / 13 g Kohlenhydrate / 5 g Eiweiß / 34 g Fett

Zutaten für 1 Portion:

- 1 EL Avocadoöl
- 1/2 Avocado
- Salz und Pfeffer
- 30 g Romanasalat
- 1 Scheibe rote Zwiebel
- 1 Tomate
- 2 Radieschen
- 1 Möhre
- 40 g gelbe Paprika
- 40 g rote Paprika

Zubereitung:

Die Avocado entkernen und das Fruchtfleisch klein schneiden. Die Tomate und die Paprika waschen und klein schneiden. Den Salat waschen und klein zupfen. Die Radieschen waschen und in Scheiben schneiden. Die Möhre schälen und in Streifen schneiden. Das Gemüse mischen und vor dem Servieren mit dem Avocadoöl verrühren.

Gemüserollen

122 kcal / 10 g Kohlenhydrate / 4 g Eiweiß / 7 g Fett

Zutaten für 2 Portionen:

- 1 TL Olivenöl
- 60 g Mangold
- 1 Knoblauchzehe
- 60 g rote Paprika
- Salz und Pfeffer
- 60 g orangene Paprika
- 1 EL Zitronensaft
- 60 g grüne Paprika
- 100 g griechischer Joghurt
- 50 g Kohlrabi
- 4 Korianderstängel
- 50 g Gurke
- 2 Minzstängel

Zubereitung:

Das Gemüse waschen. Die Paprika entkernen und in das Fruchtfleisch in Streifen schneiden. Den Kohlrabi sowie die Gurke schälen und ebenfalls in Streifen schneiden. Den Joghurt mit dem Öl verrühren. Den Knoblauch schälen und durch eine Knoblauchpresse drücken. Dann unter den Joghurt heben. Danach mit Salz, Pfeffer und Zitronensaft abschmecken. Das Gemüse über den Mangold geben. Den Koriander und die Minze waschen und die Blätter hacken. Diese über das Gemüse geben und mit dem Joghurt garnieren. Den Mangold zusammenrollen und fixieren.

Bunte Gemüsesticks

97 kcal / 12 g Kohlenhydrate / 5 g Eiweiß / 1 g Fett

Zutaten für 1 Portion:

- 60 g Naturjoghurt
- 100 g Bleichsellerie
- 100 g Möhren

Zubereitung:
Den Sellerie waschen und in Stifte schneiden. Die Möhren schälen und ebenfalls in Stifte schneiden. Den Joghurt mit Salz und Pfeffer würzen. Die Gemüsesticks mit dem Joghurt anrichten.

Gurkensalat

125 kcal / 9 g Kohlenhydrate / 2 g Eiweiß / 9 g Fett

Zutaten für 1 Portion:

- 1 EL Olivenöl
- 200 g Gurke
- Salz und Pfeffer
- 15 g Frühlingszwiebel
- 2 Stängel Petersilie

Zubereitung:
Die Gurke waschen und in Scheiben schneiden. Die Frühlungszwiebel waschen und in Ringe schneiden. Die Petersilie waschen und hacken. Die Gurke mit der Petersilie, der Frühlungszwiebel sowie dem Olivenöl mischen. Danach mit Salz und Pfeffer abschmecken. Den Gurkensalat servieren.

Gemüse-Chips

131 kcal / 5 g Kohlenhydrate / 4 g Eiweiß / 10 g Fett

Zutaten für 2 Portionen:

- 2 EL Olivenöl
- 400 g Zucchini
- 1 Prise Paprikapulver
- Salz

Zubereitung:
Zuerst den Backofen auf 200 °C vorheizen. Die Zucchini waschen und die Enden entfernen. Danach die Zucchini in Scheiben hobeln. Diese auf einem Backblech verteilen und mit Salz bestreuen. Die Zucchini für 5 Minuten ziehen lassen. Danach abtupfen und Olivenöl darüber geben. Die Zucchinischeiben mit Paprika und Salz würzen. Danach für 8–12 Minuten im Backofen backen. Die Chips abkühlen lassen und servieren.

Gefüllte Zucchiniröllchen

320 kcal / 7 g Kohlenhydrate / 29 g Eiweiß / 19 g Fett

Zutaten für 2 Portionen:

- 1 TL Olivenöl
- 300 g Zucchini
- Salz und Pfeffer
- 150 g Ricotta
- Muskat
- 100 g Parmesan
- 4 Petersilienstängel
- Saft einer halben Zitrone

Zubereitung:
Die Zucchini waschen und die Enden entfernen. Danach in Streifen schneiden. Die Petersilie waschen und hacken. Den Parmesan reiben und mit Zitronensaft, Petersilie sowie dem Ricotta verrühren. Die Mischung mit Salz, Pfeffer und Muskat würzen. Eine Pfanne erhitzen und mit Öl bepinseln. Die Zucchini darin anbraten. Danach mit der Ricotta-Masse bestreichen und die Zucchini zusammenrollen.

Knoblauch-Brokkoli

225 kcal / 8 g Kohlenhydrate / 10 g Eiweiß / 19 g Fett

Zutaten für 1 Portion:

- Salz
- 250 g Brokkoli
- 2 Knoblauchzehen
- 2 EL Olivenöl

Zubereitung:

Den Brokkoli waschen und in Röschen teilen. Danach abtropfen lassen. In der Zeit den Knoblauch schälen und in Scheiben schneiden. In einer Pfanne Olivenöl erhitzen und den Brokkoli mit dem Knoblauch anbraten. Anschließend anrichten und mit Salz würzen.

Gefüllte Zucchini mit Frischkäse

311 kcal / 15 g Kohlenhydrate / 25 g Eiweiß / 18 g Fett

Zutaten für 2 Portionen:

- Salz und Pfeffer
- 2 Zucchini
- 1 TL Olivenöl
- 200 g Quark
- 1/2 gelbe Paprika
- 150 g Frischkäse
- 1/2 rote Paprika
- 4–5 Petersilienstängel

Zubereitung:

Das Gemüse waschen. Die Zucchini in Streifen schneiden und mit Salz würzen. Die Paprika entkernen und in Streifen schneiden. Die Petersilie waschen und hacken. Den Quark mit der Petersilie und dem Frischkäse sowie dem Zitronensaft, Salz und Pfeffer mischen. Die Zucchini abtrocknen und in einer Pfanne mit Öl anbraten. Danach mit der Frischkäse-Masse bestreichen. Darauf quer die Paprika legen und die Zucchini zusammenrollen.

Avocado-Creme

544 kcal / 12 g Kohlenhydrate / 7 g Eiweiß / 51 g Fett

Zutaten für 2 Portionen:

- Salz
- 200 g Kichererbsen
- 50 ml Olivenöl
- 1 Avocado
- 1/2 Bund Koriander
- 1 Knoblauchzehe

Zubereitung:
Die Kichererbsen abtropfen lassen und für 10 Minuten in Wasser köcheln. Danach nochmals abtropfen lassen. Die Avocado entkernen und schälen. Den Koriander waschen. Den Knoblauch schälen und klein schneiden. Die Kichererbsen mit dem Avocadofruchtfleisch sowie dem Knoblauch pürieren. Danach den Koriander hinzugeben und nochmals pürieren. Zum Schluss das Olivenöl unterrühren und die Creme mit Salz abschmecken.

Tomaten-Teller

219 kcal / 9 g Kohlenhydrate / 7 g Eiweiß / 16 g Fett

Zutaten für 1 Portion:

- Salz und Pfeffer
- 2 Tomaten
- 1 EL Olivenöl
- 50 g Ziegenmilchfrischkäse
- 2 Petersilienstängel
- 1 Schalotte

Zubereitung:
Die Tomaten waschen und in Scheiben schneiden. Die Petersilie waschen und die Blätter abzupfen. Die Schalotte schälen und in Scheiben schneiden. Die Tomaten mit den Schalotten anrichten. Darauf den Ziegenfrischkäse verteilen und mit der Petersilie bestreuen. Zum Schluss etwas Olivenöl darüber geben und mit Salz und Pfeffer würzen.

Einfache Caprese

480 kcal / 6,9 g Kohlenhydrate / 22,2 g Eiweiß / 37,5 g Fett

Zutaten für 1 Portion:

- Salz und Pfeffer
- 1 Tomate
- 1 EL Olivenöl
- 1 Mozzarella
- 4–5 Schnittlauchhalme
- 4–5 griechische Oliven
- 2 Basilikumzweige
- Balsamico

Zubereitung:

Die Tomate sowie die Kräuter waschen. Die Tomate in Scheiben schneiden und auf einem Teller anrichten. Den Mozzarella in Scheiben schneiden und auf die Tomaten verteilen. Die Oliven abtropfen lassen und darüber verteilen. Die Kräuter über die Tomaten geben und mit Salz und Pfeffer bestreuen. Zum Schluss Balsamico und Olivenöl darüber geben und servieren.

Garnelen-Spieße

465 kcal / 3 g Kohlenhydrate / 19 g Eiweiß / 42 g Fett

Zutaten für 2 Portionen:

- Salz und Pfeffer/200 g Garnelen ohne Kopf und mit Schale
- 1/2 TL Kurkumapulver/8 EL Kokosöl
- Saft einer halben Zitrone/1 Knoblauchzehe/5 g Ingwer

Zubereitung:

Die Garnelen schälen. Den Knoblauch und den Ingwer schälen. Beides hacken. Die Zitrone waschen und die Schale abreiben. Danach eine halbe Zitrone auspressen. Den Knoblauch mit dem Kurkuma, dem Zitronensaft, der Zitronenschale sowie dem Ingwer und 6 EL Kokosöl verrühren. Die Garnelen in die Mischung geben und ziehen lassen. In einer Pfanne das restliche Kokosöl erhitzen und die Garnelenschalen anbraten. Danach die Garnelen und die Marinade hinzugeben und mitbraten. Die fertigen Garnelen aufspießen und mit Salz und Pfeffer würzen.

Tomate mit Parmaschinken

413 kcal / 4,9 g Kohlenhydrate / 30,7 g Eiweiß / 29,8 g Fett

Zutaten für 2 Portionen:

- Balsamico
- 2 Tomaten
- Salz und Pfeffer
- 2 Handvoll Rucola
- 1 EL Olivenöl
- 1 Mozzarella
- 4 Basilikumstängel
- 100 g Parmaschinken
- 30 g Parmesan

Zubereitung:
Die Tomaten, den Rucola und das Basilikum waschen. Die Tomaten in Scheiben schneiden. Die Blätter des Basilikums abzupfen. Den Mozzarella in Scheiben schneiden. Den Schinken klein zupfen. Den Rucola mit dem Mozzarella, den Tomaten und dem Parmaschinken anrichten. Darüber die Basilikumblätter und den Parmesan streuen. Den Salat mit Salz und Pfeffer würzen. Vor dem Servieren mit Olivenöl und Balsamico beträufeln.

Melonensalat

196 kcal / 13 g Kohlenhydrate / 12 g Eiweiß / 11 g Fett

Zutaten für 2 Portionen:

- 2 Petersilienstängel/200 g Galimelone
- 2 Basilikumstängel/4 Scheiben Parmaschinken
- 2 Minzstängel/50 g Mozzarella

Zubereitung:
Die Melone halbieren und aus dem Fruchtfleisch Kugeln ausstechen. Die Kräuter waschen und hacken. Beides anrichten und den Mozzarella darüber verteilen. Den Schinken darüber legen und den Salat servieren.

Mozzarella-Erdbeer-Salat

246 kcal / 2 g Kohlenhydrate / 15,3 g Eiweiß / 19,5 g Fett

Zutaten für 4 Portionen:

- Crema di Balsamico
- Büffelmozzarella
- Salz und Pfeffer
- 250 g Erdbeeren
- 3–4 Basilikumstängel
- 3–4 Minzstängel

Zubereitung:
Den Mozzarella in Scheiben schneiden und anrichten. Die Erdbeeren waschen und vierteln. Diese auf dem Mozzarella verteilen. Die Minze und das Basilikum waschen und über die Erdbeeren streuen. Danach mit Salz und Pfeffer würzen. Die Crema di Balsamico über den Salat geben und anrichten.

Lachshäppchen

147 kcal / 2,8 g Kohlenhydrate / 10,9 g Eiweiß / 12,9 g Fett

Zutaten für 6 Portionen:

- Salz und Pfeffer/3 Scheiben Low-Carb-Kraftbrot
- Chiliflocken/100 g Lachs in Scheiben
- 2 Stängel Dill
- 2 EL Frischkäse
- Zitronensaft
- 2 TL Meerrettich
- 6 Scheiben Gurken

Zubereitung:
Den Meerrettich mit dem Frischkäse mischen und auf die Brotscheiben verteilen. Darauf die Gurkenscheiben legen. Anschließend den Lachs auf den Gurken verteilen und mit Salz, Pfeffer sowie Chiliflocken betreuen. Den Dill zupfen und auf die Brote verteilen. Zum Schluss mit Zitrone beträufeln und servieren.

Fruchtige Schinken-Käse-Platte

63 kcal / 1,1 g Kohlenhydrate / 5 g Eiweiß / 4,2 g Fett

Zutaten für 7 Portionen:

- Basilikum
- 1 Cantaloupe-Melone
- 125 g Büffelmozzarella
- 14 Scheiben Parmaschinken

Zubereitung:
Die Melone entkernen und in Spalten schneiden. Den Mozzarella klein schneiden. Den Schinken um die Melone wickeln und anrichten. Dazwischen Mozzarella verteilen und mit dem Basilikum bestreuen.

Gurken-Melonen-Salat

100 kcal / 12 g Kohlenhydrate / 3 g Eiweiß / 4 g Fett

Zutaten für 2 Portionen:

- 3 Minzstängel
- 200 g Wassermelone
- 1 Limette
- 300 g Gurke
- 10 Mandeln

Zubereitung:
Die Wassermelone würfeln. Die Gurke waschen und in Scheiben schneiden. Die Mandeln hacken. Die Minze waschen und die Blätter entfernen. Die Limette vierteln. Alle Zutaten anrichten und mit etwas Limettensaft beträufeln.

Gefüllte Paprika

134 kcal / 7,8 g Kohlenhydrate / 13,6 g Eiweiß / 4,7 g Fett

Zutaten für 2 Portionen:

- Salz und Pfeffer
- 1 rote Paprika
- 5–6 Schnittlauchstiele
- 200 g Hüttenkäse
- 100 g Radieschen

Zubereitung:
Die Paprika entkernen und waschen. Die Radieschen waschen und in Scheiben schneiden. Den Schnittlauch waschen und in Ringe schneiden. Den Frischkäse mit dem Schnittlauch, den Radieschen sowie Salz und Pfeffer mischen. Die Frischkäsemasse in die Paprika geben und anrichten.

Hüttenkäse mit Shrimps

129 kcal / 7 g Kohlenhydrate / 14 g Eiweiß / 5 g Fett

Zutaten für 2 Portionen:

- Salz und Pfeffer
- 200 g körniger Frischkäse
- 2 Dillstängel
- 200 g Gurke
- 2 EL Sojadrink
- 100 g Radieschen
- 400 g Shrimps

Zubereitung:
Die Radieschen waschen und in Scheiben schneiden. Die Gurke schälen und entkernen. Danach die Gurke klein schneiden. Den Hüttenkäse mit dem Sojadrink verrühren und mit Salz und Pfeffer würzen. Danach den Käse anrichten und abwechselnd Gurke sowie Radieschen darüber geben. Anschließend würzen und die Shrimps darauf legen. Vor dem Servieren mit Dill bestreuen.

Gemüsechips mit Lachs

173 kcal / 3 g Kohlenhydrate / 14 g Eiweiß / 10,4 g Fett

Zutaten für 2 Portionen:

- 1 Zitrone
- 100 g geräucherter Lachs
- 1 TL Senf
- 1/2 Gurke
- 4 TL Meerrettich
- 125 g Sojajoghurt
- Kresse

Zubereitung:
Die Gurke waschen und in Scheiben schneiden. Den Lachs in Streifen schneiden. Den Joghurt mit dem Senf und dem Meerrettich sowie etwas Zitronensaft mischen. Danach mit Salz und Pfeffer abschmecken. Je 1 TL der Masse auf eine Gurkenscheibe geben und mit dem Lachs belegen. Vor dem Servieren mit Kresse garnieren.

Käse-Brot

143 kcal / 2 g Kohlenhydrate / 18 g Eiweiß / 7 g Fett

Zutaten für 2 Portionen:

- 50 g Ziegenmilchfrischkäse
- 2 Eiweiss-Vitalbrot
- frische Kräuter

Zubereitung:
Den Frischkäse auf die Brotschreiben schmieren und mit frischen Kräutern garnieren.

Dessert

Frucht-Joghurt-Creme

43 kcal / 4 g Kohlenhydrate / 4 g Eiweiß / 1 g Fett

Zutaten für 4 Portionen:

- 1 TL Xucker
- 125 g Heidelbeeren
- 1 Eiweiß
- 400 g Sojajoghurt
- 1 Msp. Bourbon-Vanille

Zubereitung:

Die Heidelbeeren waschen. Das Mark aus der Vanilleschote kratzen. Den Joghurt mit dem Vanillemark, dreiviertel der Heidelbeeren sowie etwas Xucker pürieren. Das Eiweiß steifschlagen und vorsichtig unter den Joghurt heben. Die Creme anrichten und mit den restlichen Heidelbeeren garnieren.

Vanille-Johannisbeeren-Creme

178 kcal / 7 g Kohlenhydrate / 10 g Eiweiß / 12 g Fett

Zutaten für 4 Portionen:

- Schale einer Limette/200 g Magerquark
- 25 g Pistazien/200 g Sojajoghurt
- 50 g Johannisbeeren/100 ml Schlagsahne
- 50 g Heidelbeeren/1 Vanilleschote
- Xucker

Zubereitung:
Die Sahne aufschlagen. Das Mark aus der Vanilleschote kratzen. Die Pistazien hacken. Die Beeren waschen. Die Limette waschen und die Schale abreiben. Den Quark mit dem Joghurt, etwas Xucker und dem Vanillemark mischen. Danach die Sahne sowie etwas Limettenschale unterheben. Die Creme anrichten und mit den Pistazien sowie den Beeren garnieren.

Fruchtcreme mit Hüttenkäse

145 kcal / 6 g Kohlenhydrate / 14 g Eiweiß / 5 g Fett

Zutaten für 2 Portionen:

- 1 Limette
- 200 g körniger Frischkäse
- 1 Minzstängel
- 100 g Sojajoghurt
- 1 TL Xucker
- 50 g Heidelbeeren

Zubereitung:
Den Joghurt mit Xucker und Minze sowie dreiviertel der Beeren pürieren. Den Hüttenkäse unterheben und mit den restlichen Heidelbeeren verrühren. Die Creme mit Limettensaft abschmecken und anrichten.

Einfacher Erdbeerkuchen

381 kcal / 9 g Kohlenhydrate / 9 g Eiweiß / 33 g Fett

Zutaten für 6 Portionen:

- 6 Datteln ohne Stein
- 100 g Mandeln
- 1 Orange
- 200 g Walnüsse
- 1 Vanilleschote
- 200 g Erdbeeren
- 1 EL Kokosflocken

Zubereitung:
Die Mandeln mit den Walnüssen mahlen. Die Orange auspressen. Das Mark aus der Vanilleschote auskratzen und mit 4 Datteln sowie dem Orangensaft pürieren. Danach mit den Kokosflocken und den Nüssen verrühren. Den Teig zu einer Kugel formen. Diese ausrollen. Die Erdbeeren waschen und halbieren. Die restlichen Datteln mit der Hälfte der Erdbeeren pürieren. Das Püree auf dem Teig verteilen und die restlichen Erdbeeren darauf verteilen. Den fertigen Kuchen servieren.

Käse-Joghurt

134 kcal / 6 g Kohlenhydrate / 17 g Eiweiß / 2 g Fett

Zutaten für 2 Portionen:

- 120 g Erdbeeren
- 200 g Sojajoghurt
- 200 g Hüttenkäse

Zubereitung:
Die Erdbeeren waschen und halbieren. Den Joghurt mit dem Hüttenkäse verrühren und anrichten. Darauf die Erdbeeren legen.

Leinsamen-Beeren-Shake

305 kcal / 16 g Kohlenhydrate / 11 g Eiweiß / 10 g Fett

Zutaten für 2 Portionen:

- 1 Minzstängel
- 300 ml Buttermilch
- 4 Datteln
- 40 Himbeeren
- 50 g geschroteter Leinsamen

Zubereitung:

Die Buttermilch mit den Datteln, den Himbeeren und den Leinsamen pürieren. Die Masse in Gläsern anrichten und mit der Minze garnieren.

Feigen-Mandel-Joghurt

149 kcal / 10 g Kohlenhydrate / 7 g Eiweiß / 8 g Fett

Zutaten für 3 Portionen:

- 15 Mandeln
- 300 g Natur-Sojajoghurt
- 4 Feigen

Zubereitung:

Die Feigen waschen und vierteln. Alle Zutaten pürieren und anrichten.

Erdbeer-Creme

193 kcal / 17 g Kohlenhydrate / 9 g Eiweiß / 8 g Fett

Zutaten für 2 Portionen:

- 4–6 Minzblätter
- 200 g Erdbeeren
- 1 TL Honig
- 1 Orange
- 1 EL Mandelmus
- 300 g Sojajoghurt

Zubereitung:

Zuerst die Erdbeeren waschen und halbieren. 8–10 Erdbeerhälften zur Seite legen. Die Orange auspressen. Die restlichen Erdbeeren mit dem Orangensaft, dem Joghurt, dem Honig sowie dem Mandelmus pürieren. Die Creme anrichten und mit den restlichen Erdbeeren sowie der Minze garnieren.

Einfacher Low-Carb-Eierkuchen

216 kcal / 6 g Kohlenhydrate / 23 g Eiweiß / 9 g Fett

Zutaten für 2 Portionen:

- Öl
- 3 Eier
- 100 ml Wasser
- 75 g Eiweißpulver
- 100 ml Milch
- 75 g Traubenkernmehl

Zubereitung:

Alle Zutaten mixen und die Masse ruhen lassen. In einer Pfanne das Öl erhitzen und darin die Eierkuchen portionsweise ausbacken.

Feigen mit Ziegenfrischkäse

132 kcal / 19 g Kohlenhydrate / 5 g Eiweiß / 4 g Fett

Zutaten für 2 Portionen:

- 1 Stängel Rosmarin
- 4 Feigen
- 60 g Ziegenmilchfrischkäse
- 1 TL Honig

Zubereitung:
Die Feigen waschen und vierteln, sodass die Viertel noch zusammenhängen. Danach mit Honig beträufeln. Den Rosmarin waschen und die Nadeln hacken. Den Frischkäse auf den Feigen verteilen und den Rosmarin darüber streuen. Die Feigen auf ein Backblech legen und für 10 Minuten bei 220 °C überbacken.

Low-Carb-Pancakes

294 kcal / 12 g Kohlenhydrate / 23 g Eiweiß / 17,5 g Fett

Zutaten für 2 Portionen:

- Öl
- 70 g EoK-Pancake-Mischung
- 20 ml Olivenöl
- 60 ml Wasser

Zubereitung:
Die Eier mit der Pancake-Mischung, dem Wasser sowie dem Öl verrühren. Den Teig kurz ruhen lassen. In einer Pfanne Öl erhitzen und darin den Teig portionsweise ausbacken. Danach die Pancakes anrichten und servieren.

Low-Carb-Kuchen aus der Mikrowelle

143 kcal / 6,1 g Kohlenhydrate / 10,6 g Eiweiß / 7,1 g Fett

Zutaten für 1 Portion:

- Füllung nach Wahl
- 1 Ei
- 1 EL Xucker
- 3 EL Milch
- Salz
- 1 1/2 EL Kokosmehl
- 1/2 TL Backpulver

Zubereitung:
Alle trockenen Zutaten mischen. Das Ei in eine Tasse geben und mit der Milch verrühren. Danach die trockenen Zutaten unterrühren. Die Masse für 3 Minuten bei höchster Stufe in der Mikrowelle backen.

Schneller Low-Carb-Tassenkuchen

195 kcal / 9 g Kohlenhydrate / 36,8 g Eiweiß / 1,7 g Fett

Zutaten für 1 Portion:

- 1 1/2 EL Kokosmehl
- 20 g Quark
- 1 EL Xucker
- 20 g Proteinpulver
- 1 Ei
- 3 EL Milch
- 1 TL Backpulver

Zubereitung:
Alle Zutaten miteinander mischen. Den Teig in eine Tasse geben und für 4 Minuten bei 600 Watt in der Mikrowelle backen. Danach abkühlen lassen und in der Tasse servieren.

Schokoladen-Quark

306 kcal / 13,5 g Kohlenhydrate / 57 g Eiweiß / 2 g Fett

Zutaten für 1 Portion:

- Beeren nach Geschmack
- 250 g Magerquark
- 200 ml Wasser
- 30 g Proteinpulver

Zubereitung:
Den Quark mit dem Proteinpulver, dem Wasser sowie den Beeren pürieren. Danach anrichten und servieren.

Stückiger Smoothie

361 kcal / 16 g Kohlenhydrate / 10 g Eiweiß / 16 g Fett

Zutaten für 1 Portion:

- 1 EL Granatapfelkerne
- 125 ml ungesüßte Mandelmilch
- 20 g Trauben
- 1/2 Banane
- 1 TL Kokosrapeln
- 1/2 Birne
- 1 TL Haferflocken
- 1 TL Spirulinapulver
- 1/4 Apfel
- 2 EL Chiasamen
- 1 EL Mandelcreme

Zubereitung:
Die Mandelmilch mit einem Drittel der Banane der Birne sowie dem Spirulinapulver, der Mandelcreme und 1 EL Chiasamen pürieren. Die Masse anrichten. Die restliche Banane und den Apfel klein schneiden. Beides mit den restlichen Zutaten unter den Smoothie heben.

Nutella-Tassenkuchen

258 kcal / 17,1 g Kohlenhydrate / 18 g Eiweiß / 11,9 g Fett

Zutaten für 1 Portion:

- Süßstoff
- 1 Ei
- 2 EL Milch
- 2 EL Mandelmehl
- 1 EL Kakaopulver
- 1 TL Backpulver
- 2 TL Low carb Nutella
- 1 EL Öl

Zubereitung:
Alle Zutaten mischen und pürieren. Eine Tasse einfetten und den Teig hineingeben. Diesen für 2–3 Minuten bei höchster Stufe in der Mikrowelle backen.

Kokos-Muffin aus der Tasse

234 kcal / 9 g Kohlenhydrate / 24 g Eiweiß / 10 g Fett

Zutaten für 1 Portion:

- 1 EL Xucker
- 1 Ei
- 2 EL Milch
- 2 EL Mandelmehl
- 1 EL Kakaopulver
- 1 EL Schoko-Proteinpulver
- 1 EL Öl
- 1 TL Backpulver
- Kokosflocken

Zubereitung:
Alle Zutaten mischen und pürieren. Den Teig in eine Tasse geben und für 3 Minuten bei 700 Watt in der Mikrowelle backen. Vor dem Servieren mit Kokosflocken garnieren.

Chia-Pudding mit Erdbeeren

176 kcal / 16,7 g Kohlenhydrate / 5,7 g Eiweiß / 7,1 g Fett

Zutaten für 1 Portion:

- 1 EL Zitronensaft
- 150 g Erdbeeren
- 50 ml Beerensaft
- 20 g Chiasamen
- 1/2 Vanilleschote
- 1 EL Xucker light

Zubereitung:
Die Erdbeeren waschen und würfeln. 50 ml Wasser mit 50 ml Beerensaft, 1 EL Zitronensaft, dem Vanillemark sowie dem Xucker verrühren. Die Masse aufkochen und für 5 Minuten köcheln lassen. Den Chiasamen mit 150 ml Erdbeersaft mischen und über Nacht quellen lassen. Die Erdbeeren pürieren und vor dem Servieren über den Pudding geben.

Schokoladenwaffeln

276 kcal / 10 g Kohlenhydrate / 14 g Eiweiß / 19 g Fett

Zutaten für 1 Portion:

- 1 TL pudriger Xylit/30 g Banane
- 1/2 TL Butter/1 Ei
- 2 Prisen Backpulver
- 10 g Mandelmehl
- 1 TL Backkakao
- 10 g gemahlene Haselnüsse
- 1 TL Kokosöl
- 1 TL Xylit

Zubereitung:
Die Banane zerdrücken und das Ei unterrühren. Das Mandelmehl, die Haselnüsse, den Kakao, den Xylit, das Kokosöl sowie das Backpulver unterrühren. Ein Waffeleisen einfetten und aus dem Teig Waffeln backen. Diese vor dem Servieren mit dem Puderxylit bestreuen.

Schokoladen-Quark-Joghurt

445 kcal / 23 g Kohlenhydrate / 84 g Eiweiß / 4 g Fett

Zutaten für 1 Portion:

- 1 TL Kakaopulver
- 500 g Magerquark
- 10 Tropfen Flüssigsüße
- 30 g Schoko-Proteinpulver
- 50 ml Milch

Zubereitung:
Den Quark mit der Milch verrühren. Danach das Proteinpulver unterrühren. Anschließend das Kakaopulver untermischen. Die Masse abschmecken und anrichten.

French Toast

235 kcal / 5 g Kohlenhydrate / 18 g Eiweiß / 16 g Fett

Zutaten für 2 Portionen:

- Salz
- 4 Scheiben Low-Carb-Toastbrot
- Agavendicksaft
- 20 g Butter
- 3 EL Milch
- 2 Eier

Zubereitung:
Die Eier mit der Milch verrühren. Den Toast darin einweichen und mit Salz würzen. In einer Pfanne die Butter schmelzen und das Brot darin ausbacken. Vor dem Servieren mit etwas Agavendicksaft garnieren.

Mango-Shake

318 kcal / 22 g Kohlenhydrate / 29 g Eiweiß / 11 g Fett

Zutaten für 1 Portion:

- 20 g Xylit
- 1/2 Mango
- 1 Prise Zimt
- 250 g Magerquark
- 1 EL Zitronensaft
- 200 ml Wasser
- 2 EL Kokosraspeln
- 50 ml Kokosdrink

Zubereitung:
Zuerst die Mango schälen und das Fruchtfleisch klein schneiden. Danach mit den restlichen Zutaten pürieren. Den Shake anrichten und servieren.

Vanillepudding

360 kcal / 10 g Kohlenhydrate / 8 g Eiweiß / 31 g Fett

Zutaten für 1 Portion:

- 1/2 Vanilleschote
- 150 ml Milch, 3,5 % Fett
- 80 ml Schlagsahne
- 1 Eigelb
- 5 g Johannisbrotkernmehl
- 30 g Xylit

Zubereitung:
7 EL Milch mit dem Xylit und dem Eigelb verrühren. Das Mehl unterheben. Die Sahne mit der restlichen Milch und dem Vanillemark aufkochen. Danach die Milch-Ei-Mischung einrühren und nochmals aufkochen. Dabei ständig rühren. Den fertigen Pudding anrichten und servieren.

Nuss-Pfannkuchen

512 kcal / 5,8 g Kohlenhydrate / 18,2 g Eiweiß / 45,9 g Fett

Zutaten für 1 Portion:

- 1 TL Puderxucker
- 2 Eier
- 2 EL Mineralwasser
- 1 1/2 EL gemahlene Mandeln
- 1/2 TL Zimt
- 2 TL Butter
- etwas Salz

Zubereitung:
Die Eier mit dem Zimt, den Mandeln und dem Salz verrühren. 1 TL Butter schmelzen lassen und ebenfalls unter die Eiermasse rühren. Danach das Wasser unterheben. In einer Pfanne die restliche Butter erhitzen. Den Teig darin portionsweise ausbacken. Vor dem Servieren die Pfannkuchen mit Puderxucker bestreuen.

Fruchtiger Kokos-Quark

439 kcal / 19 g Kohlenhydrate / 15,4 g Eiweiß / 33,3 g Fett

Zutaten für 1 Portion:

- 10 g Xucker-Trinkschokolade
- 1/2 Mandarine
- 20 g Xucker light
- 100 g Magerquark
- 1 EL Kokosöl
- 50 ml Kokosmilch
- 20 g Kokosraspeln

Zubereitung:
Die Mandarine zerteilen. Den Quark mit 10 g Kokosraspeln, der Kokosmilch sowie 15 g Xucker verrühren. Die Trinkschokolade mit 1 EL Kokosöl, 8 g Kokosraspeln sowie 5 g Xucker mischen. Den Quark, die Schokolade und die Mandarinen schichtweise anrichten. Vor dem Servieren mit den Kokosraspeln garnieren.

Kirsch-Kokos-Kuchen

138 kcal / 7 g Kohlenhydrate / 6 g Eiweiß / 9 g Fett

Zutaten für 6 Portionen:

- Puderxucker
- 250 g Kirschen
- Kokosöl
- 4 Eier
- 1 TL Backpulver
- 3 EL Xucker Light
- 40 g Kokosmehl
- 30 ml Kokosmilch
- 1 TL Flohsamenschalenpulver
- 25 g Butter
- 1 Vanilleschote

Zubereitung:

Die Kirschen waschen und entkernen. Das Mark aus der Vanilleschote auskratzen. Die Kokosmilch mit der Butter sowie den Eiern mischen und das Vanillemark unterrühren. Das Backpulver mit dem Xucker, dem Kokosmehl und dem Flohsamenschalenpulver mischen. Die Mischung zu den Eiern geben und verrühren. Kokosöl in eine Backform geben und den fertigen Teig hineingeben. Die Kirschen in den Teig drücken und den Kuchen für 25 Minuten bei 180 °C backen. Den abgekühlten Kuchen mit Puderxucker bestreuen und servieren.

Sahne-Haselnuss-Kuchen

250 kcal / 5 g Kohlenhydrate / 9 g Eiweiß / 21 g Fett

Zutaten für 9 Portionen:

- 20 g Puderxucker
- 80 g Mandelmehl
- 200 g gemahlene Haselnüsse
- 60 g Kokosmehl
- 6 Eiweiß
- 1/2 Pk. Backpulver
- 2 Eier
- Mark einer halben Vanilleschote
- 140 g Xucker Light
- 150 ml Sahne
- 100 ml Buttermilch

Zubereitung:

70 g Xucker mit den Eiern schaumig schlagen. Danach das Mandelmehl, das Vanillemark, das Kokosmehl, das Backpulver, die Sahne sowie die Buttermilch einrühren. Eine Springform mit 24 cm Durchmesser mit Backpapier auslegen und den Teig hineingeben. Das Eiweiß mit etwas Salz steifschlagen und den restlichen Xucker einrühren. Die Haselnüsse unter den Eischnee heben und über den Teig geben. Den Kuchen für 30–35 Minuten bei 180 °C backen. Den abgekühlten Kuchen mit Puderxucker bestreuen und servieren.

Kokos-Käsekuchen mit Himbeeren

233 kcal / 5 g Kohlenhydrate / 10 g Eiweiß / 17 g Fett

Zutaten für 4 Portionen:

- 100 g Himbeeren
- 30 g Kokosmehl
- 1 Ei
- 60 g Kokosraspeln
- 1 Vanilleschote
- 120 g Butter
- 225 g Frischkäse
- 120 g Xucker
- 1 TL Backpulver

Zubereitung:

Das Backpulver mit dem Kokosmehl, den Kokosraspeln sowie der Butter und 60 g Xucker zu einem krümeligen Teig verarbeiten. Drei Viertel des Teiges in eine flache Backform geben. Den Frischkäse mit dem Mark der Vanilleschote, dem Ei sowie dem restlichen Xucker verrühren. Die Himbeeren waschen und unter die Frischkäsemasse geben. Die Himbeermasse auf den Teig streichen und den restlichen Teig darüberstreuen. Den Kuchen für 20 Minuten bei 180 °C backen.

Käsekuchen mit Apfel

115 kcal / 4 g Kohlenhydrate / 12 g Eiweiß / 6 g Fett

Zutaten für 10 Portionen:

- 1 Apfel
- 250 g Magerquark
- 30 g Vanille-Proteinpulver
- 200 g Frischkäse
- 2 EL Xucker Light
- 80 g gemahlene Mandeln
- 1 TL Backpulver
- 2 Eier
- 2 Eiweiß

Zubereitung:
Den Quark mit dem Proteinpulver, dem Frischkäse, dem Xucker sowie den Mandeln, dem Backpulver, den Eiern und dem Eiweiß verrühren. Den Teig in eine Springform geben. Den Apfel waschen, entkernen und klein schneiden. Die Apfelstücke auf dem Teig verteilen und für 25 Minuten bei 180 °C backen.

Mandel-Schoko-Kekse

134 kcal / 2 g Kohlenhydrate / 11 g Eiweiß / 8 g Fett

Zutaten für 10 Portionen:

- 3 TL Backpulver/75 g Kakao/30 g Schoko-Proteinpulver
- 75 g Butter/25 g Kokosmehl
- 320 g Xucker Light/125 g Mandelmehl
- 5 Eier

Zubereitung:
2 EL heißes Wasser mit dem Kakao vermischen. Den Xucker mit der Butter mischen und die Eier nach und nach unterrühren. Das Backpulver mit dem Kokosmehl sowie dem Mandelmehl mischen. Die Mischung unter die Ei-Masse rühren und zum Schluss die Kakaopaste einrühren. Vom Teig kleine Häufchen auf ein Backblech geben und die Kekse für 10–15 Minuten bei 175 °C backen.

Tassenkuchen mit Nutella

258 kcal / 17 g Kohlenhydrate / 18 g Eiweiß / 12 g Fett

Zutaten für 2 Portionen:

- 4 EL Milch
- 2 Eier
- 2 EL Kakaopulver
- 4 EL Mandelmehl
- 4 TL Nutella
- 2 TL Backpulver
- 2 EL Rapsöl

Zubereitung:
Die Zutaten mixen. 2 Tassen mit Öl bestreichen und den Teig hineingeben. Den Teig für 2–3 Minuten in der Mikrowelle ausbacken.

Quark mit Schoko-Raspeln

146 kcal / 19 g Kohlenhydrate / 9 g Eiweiß / 2 g Fett

Zutaten für 4 Portionen:

- 6 Clementinen
- 250 g Magerquark
- 1 Msp. Zimtpulver
- 5 EL Milch
- 25 g Schoko-Raspeln
- 1 EL Zucker

Zubereitung:
Den Magerquark mit einem halben EL Zucker sowie der Milch mischen. 15 g Schoko-Raspeln sowie den Zimt unterheben und für 10 Minuten im Kühlschrank ruhen lassen. Die Clementinen schälen die Haut entfernen und 100 ml Saft auspressen. Den Saft mit einem halben EL Zucker verrühren. Den Saft über die Quark-Creme gießen und mit den restlichen Schoko-Raspeln servieren.

Erdbeer-Joghurt mit Hüttenkäse

134 kcal / 6 g Kohlenhydrate / 17 g Eiweiß / 2 g Fett

Zutaten für 2 Portionen:

- 200 g Sojajoghurt
- 200 g Hüttenkäse
- 120 g frische Erdbeeren

Zubereitung:
Zuerst die Erdbeeren waschen und klein schneiden. Den Joghurt mit dem Hüttenkäse verrühren und die Erdbeeren unterheben.

Joghurt-Waffeln mit Beeren

360 kcal / 7 g Kohlenhydrate / 24 g Eiweiß / 26 g Fett

Zutaten für 4 Portionen:

- 250 g Joghurt
- 4 Eier
- 125 g gemischte Beeren
- 60 g weiche Butter
- Vanillegeschmack
- 100 g Quark
- 6 EL Eiweißpulver
- 2 EL Öl

Zubereitung:
Aus den Eiern, dem Joghurt, der Butter, dem Vanillegeschmack, dem Quark, dem Eiweißpulver sowie dem Öl einen Teig herstellen. Das Waffeleisen erhitzen und den Teig darin zu Waffeln ausbacken. Die fertigen Waffeln mit den Beeren garnieren.

Chia-Kokosnuss-Pudding

Fett: 25 g; Protein: 5 g; Kohlenhydrate: 3 g; Kalorien: 286 /pro Portion

Zutaten für 4 Portionen:

- Stevia
- 1 Dose Kokosmilch
- 1 TL Vanilleextrakt
- ¼ Tasse Chiasamen
- ¼ Tasse Beeren

Zubereitung:
Alle Zutaten ohne die Beeren mischen und für 3 Stunden im Kühlschrank quellen lassen. Vor dem Servieren die Beeren über dem Pudding verteilen.

Schoko-Mandel-Taler

Fett: 31 g; Protein: 7 g; Kohlenhydrate: 4 g; Kalorien: 300 /pro Portion

Zutaten für 6 Stück:

- 1 Tasse Kakaopulver
- ¼ Tasse Kokosöl
- ¼ Tasse Mandelmus

Zubereitung:
Das Kokosöl schmelzen und mit dem Kakaopulver sowie dem Mandelmus verrühren. Von der Masse je 2 EL in Muffinförmchen verteilen. Das Ganze für 1 Stunde einfrieren.

Pudding mit Macadamia

Fett: 55,1 g; Protein: 8,4 g; Kohlenhydrate: 21,35 g; Kalorien: 596 /pro Portion

Zutaten für 1 Portion:

- 2 EL Kokosflocken
- 2 EL gemahlene Macadamianüsse
- 1 TL Steviapulver
- 240 ml Kokosmilch

Zubereitung:
Alles miteinander mischen und über Nacht im Kühlschrank ruhen lassen.

Pudding mit Brombeeren

Fett: 29,8 g; Protein: 4,4 g; Kohlenhydrate: 10,8 g; Kalorien: 418 /pro Portion

Zutaten für 1 Portion:

- 60 g Brombeeren
- 120 ml Mandelmilch
- 1 Tropfen Vanilleextrakt
- 1 EL Chiasamen
- 1 TL Steviapulver
- 2 EL Kakaobutter

Zubereitung:
Die Chiasamen mit der Milch und der Kakaobutter mischen. Danach die Brombeeren, das Vanilleextrakt sowie das Steviapulver untermischen. Alles für 5 Minuten umrühren. Danach für 4 Stunden im Kühlschrank ruhen lassen.

Süße Pancakes

Fett: 24,2 g; Protein: 17,4 g; Kohlenhydrate: 3,4 g; Kalorien: 311 /pro Portion

Zutaten für 1 Person:

- Etwas Vanillearoma
- 50 g Quark
- Süßstoff
- 1 Ei
- 20 ml Sahne
- 2 EL Mandelmehl
- 1 EL Butter
- 1 Prise Salz

Zubereitung:
Das Ei mit dem Quark verrühren. Danach das Mandelmehl und das Salz untermischen. In einer Pfanne die Butter erhitzen. Den Teig darin zu Pancakes ausbacken. Die Sahne mit der Vanille und dem Süßstoff steif schlagen. Die Pancakes mit der Sahne servieren.

#Selbstgemachtes Eis

Fett: 30,1 g; Protein: 15,6 g; Kohlenhydrate: 4,1 g; Kalorien: 360,9 /pro Portion

Zutaten für 1 Person:

- 1 Eiklar
- 60 ml Sahne
- Süßstoff
- 50 g Frischkäse
- 15 g Himbeeren

Zubereitung:
Den Frischkäse mit der Sahne und den Himbeeren pürieren. Das Püree mit dem Süßstoff abschmecken. Das Eiklar steif schlagen und unter das Püree heben. Die Masse in ein Gefäß zum Einfrieren füllen und für mindestens 5 Stunden frieren. Bei dem Einfrieren das Eis zweimal umrühren.

Pannacotta mit Kokosnuss

Fett: 42,8 g; Protein: 7,2 g; Kohlenhydrate: 4,8 g; Kalorien: 447,1 /pro Portion

Zutaten für 1 Person:

- Süßstoff/120 ml Sahne
- 2 Blatt Gelatine
- 2 EL Kokosraspeln
- Abrieb 1 Limette

Zubereitung:
Die Sahne mit dem Limettenabrieb und den Kokosraspeln einmal kurz aufkochen lassen. Die Masse mit Süßstoff abschmecken und abkühlen lassen. Die Gelatine einweichen, ausdrücken und zu der Sahnemasse geben. Die Gelatine darin auflösen. Alles in Gläschen füllen und für mindestens 3 Stunden im Kühlschrank kaltstellen.

Tiramisu

Fett: 68,1 g; Protein: 12,5 g; Kohlenhydrate: 6,8 g; Kalorien: 705 /pro Portion

Zutaten für 1 Portion:

- 1 Spritzer Rumaroma
- 150 g Mascarpone
- 1 TL Backkakao
- 1 Ei
- 1 ½ EL Erythrit

Zubereitung:
Das Ei trennen. Das Eigelb mit der Mascarpone und dem Rumaroma sowie dem Erythrit schaumig schlagen. Das Eiweiß steif schlagen und unter die Mascarpone heben. Vor dem Servieren die Creme mit dem Kakao bestreuen.

Pudding mit heißen Erdbeeren

Fett: 36 g; Protein: 15 g; Kohlenhydrate: 6 g; Kalorien: 530 /pro Portion

Zutaten für 4 Portionen:

- Etwas Vanille
- 400 ml Sahne/120 g Erdbeeren
- 100 ml Mandelmilch/4 TL Guarkernmehl
- 1 Vanilleschote
- 4 EL Erythrit

Zubereitung:
Die Milch mit der Sahne mischen und erwärmen. Danach die Vanille und das Erythrit unterrühren. Portionsweise das Guarkernmehl unterrühren. Die Erdbeeren kleinschneiden und mit der Vanille erhitzen.

Eis mit Blaubeeren

Fett: 20 g; Protein: 7 g; Kohlenhydrate: 4 g; Kalorien: 221 /pro Portion

Zutaten für 5 Portionen:

- 1 TL Vanille-Aroma
- 300 g Frischkäse
- 15 Tropfen Stevia
- 300 g Blaubeeren/60 g MCT-Öl
- 40 g Erythrit-Puderzucker

Zubereitung:
Die Blaubeeren zuerst für 4 Stunden einfrieren. Diese anschließend pürieren. Danach die restlichen Zutaten untermischen und nochmals pürieren. Das Püree in eine Schale geben und einfrieren. Nach 20 Minuten die Masse umrühren. Dann nach 30 Minuten nochmals umrühren. Das Ganze so lange wiederholen, bis die gewünschte Konsistenz erreicht ist.

Apfelmus

Fett: 0,2 g; Protein: 0,2 g; Kohlenhydrate: 10 g; Kalorien: 43 /pro Portion

Zutaten für 24 Portionen:

- Saft 1 Zitrone
- 2 kg Äpfel
- 1 EL Zimt
- 400 ml Wasser
- 700 g Gelier-Xylit

Zubereitung:
Die Äpfel schälen und entkernen. Danach die Äpfel mit dem Zitronensaft und dem Wasser weichkochen. Anschließend alles pürieren und mit Zimt sowie Xylit abschmecken. Alles für weitere 4 Minuten köcheln lassen. Gläser heiß ausspülen und den Apfelmus hineingeben.

Erdnuss-Mousse

Fett: 34 g; Protein: 7 g; Kohlenhydrate: 4 g; Kalorien: 350 /pro Portion

Zutaten für 1 Portion:

- ½ TL gemahlene Vanille
- 1 EL Erdnussbutter
- 1 TL Erythrit
- 90 ml Sahne

Zubereitung:
Alle Zutaten miteinander vermischen und pürieren.

Joghurt mit Nüssen

Fett: 34 g; Protein: 8 g; Kohlenhydrate: 8 g; Kalorien: 338 /pro Portion

Zutaten für 1 Portion:

- 1 TL Flohsamenschalen
- 120 g griechischer Sahnejoghurt
- 3 Tropfen Flavdrops Erdnussbutter
- 100 ml Kokosmilch
- 15 g Pecannüsse
- 15 g Macadamianüsse

Zubereitung:
Zuerst die Nüsse hacken. Danach alle Zutaten mit dem Joghurt verrühren und servieren.

Vanille-Eis

Fett: 28 g; Protein: 4 g; Kohlenhydrate: 2 g; Kalorien: 276 /pro Portion

Zutaten für 6 Portionen:

- 150 g Erythrit
- 450 g Schlagsahne
- 1 TL Bourbon-Vanille
- 5 Eigelbe
- 1 Fläschchen Vanille-Aroma

Zubereitung:
In einem Wasserbad das Erythrit mit dem Eigelb verrühren. Danach die Sahne, die Bourbon-Vanille sowie das Vanille-Aroma unterheben. Die Masse in eine Schale geben und einfrieren.

Schokoladenkekse

Fett: 9 g; Protein: 10 g; Kohlenhydrate: 5 g; Kalorien: 47 /pro Portion

Zutaten für 9 Kekse:

- 30 g Mandelmehl
- 100 g Avocado
- ½ TL Backpulver
- 2 EL Kakaopulver
- 1-2 EL Erythrit

Zubereitung:
Die Avocado schälen und entkernen. Das Fruchtfleisch mit den Eiern pürieren. Die restlichen Zutaten unterheben und alles gut verrühren. Den Teig portionsweise auf ein Backblech verteilen. Die Kekse für 15 Minuten bei 180 °C backen.

Kokoskekse

Fett: 7 g; Protein: 4 g; Kohlenhydrate: 1 g; Kalorien: 93 /pro Portion

Zutaten für 10 Kekse:

- 1 Zitrone
- 50 g Erythrit/2 Eier
- 120 g Kokosraspeln

Zubereitung:
Das Erythrit zu Puderzucker mahlen. Die Eier trennen. Das Eiweiß steif schlagen. Den Saft aus der Zitrone presse und etwas Schale abreiben. Den Zitronensaft mit den Kokosraspeln, dem Zitronenabrieb und dem Erythrit vermischen. Das Ganze unter den Eischnee heben. Auf ein Backblech portionsweise Teig geben und diesen für 10 Minuten bei 170 °C backen.

Sellerie mit Kräuterkäse

229 kcal / 5 g Kohlenhydrate / 4 g Eiweiß / 22 g Fett

Zutaten für 4 Portionen:

- Pfeffer
- 2 TL Olivenöl
- Salz
- 225 g Weichkäse
- 4 Selleriestangen
- frische Petersilie
- 1 Knoblauchzehe
- 1/2 geriebene Zitronenschale

Zubereitung:
Die Selleriestangen waschen und in Stifte schneiden. Den Knoblauch schälen und hacken. Den Weichkäse mit Salz, Pfeffer, Olivenöl, Petersilie, Zitronenschale und dem Knoblauch mischen. Die Masse im Kühlschrank für 10 Minuten ruhen lassen. Danach den fertigen Kräuterkäse mit dem Sellerie servieren.

Gefüllte Mini-Paprika

311 kcal / 7 g Kohlenhydrate / 6 g Eiweiß / 29 g Fett

Zutaten für 4 Portionen:

- 2 EL Olivenöl
- 12 Mini-Paprika
- 1/2 EL Chipotle-Paste
- 240 g Vollfett-Weichkäse
- 1 EL Koriander
- 30 g Chorizo-Wurst

Zubereitung:
Die Chorizo-Wurst würfeln. Den Koriander waschen und hacken. Die Mini-Paprika halbieren und entkernen. Den Weichkäse mit dem Olivenöl, den Kräutern, der Chorizo-Wurst mischen und mit der Chipotle-Paste abschmecken. Die Masse in die Paprikahälften geben und servieren.

Saucen/Dips

Avocado-Dip

226 kcal / 1,5 g Kohlenhydrate / 2,2 g Eiweiß / 23,6 g Fett

Zutaten für 2 Portionen:

- 1/4 TL Chiliflocken
- 2 EL Limettensaft
- 1/3 TL Salz
- 1 Avocado
- 1 Msp. Pfeffer
- 1 Knoblauchzehe

Zubereitung:
Die Avocado entkernen und das Fruchtfleisch aus der Schale lösen. Das Fruchtfleisch mit der Gabel zerdrücken. Den Limettensaft unter die Avocadomasse rühren. Den Knoblauch schälen und hacken. Diesen ebenfalls unter den Avocado-Dip rühren und mit Salz und Pfeffer würzen. Zum Schluss die Chiliflocken unterheben und den Dip vor dem Servieren ziehen lassen.

Tomaten-Dip

49 kcal / 8 g Kohlenhydrate / 2,3 g Eiweiß / 0,4 g Fett

Zutaten für 15 Portionen:

- etwas Cayennepfeffer
- 28 EL Tomatenmark
- 1 TL getrockneter Oregano
- 4 g Xylit
- 1 EL Weißweinessig
- 4 rote Zwiebeln
- 1 Knoblauchzehe
- 2 TL Salz
- 2 TL Currypulver

Zubereitung:
Die Zwiebeln sowie den Knoblauch schälen und hacken. Etwas Wasser in einem Topf erhitzen und den Knoblauch mit den Zwiebeln einköcheln lassen. Danach das Tomatenmark, Cayennepfeffer, Currypulver, Salz, Oregano und Weißweinessig unterrühren. Die Masse pürieren und mit Xylit abschmecken.

Knoblauch-Dip

164 kcal / 4,8 g Kohlenhydrate / 5,7 g Eiweiß / 14,1 g Fett

Zutaten für 4 Portionen:

- 1/3 Salatgurke/300 g griechischer Joghurt
- 1 Msp. Pfeffer/100 g Quark (min. 40 % Fett)
- 1 TL Salz/3 Knoblauchzehen
- 2 EL kaltgepresstes Olivenöl

Zubereitung:
Den Quark mit dem Joghurt mischen. Die Gurke schälen, entkernen und die restliche Gurke raspeln. Den Knoblauch schälen und hacken. Die Gurke mit dem Knoblauch unter die Quark-Joghurt-Masse rühren. Den Dip mit Salz und Pfeffer würzen. Etwas Olivenöl unterrühren und vor dem Servieren abgedeckt im Kühlschrank ruhen lassen.

Selbstgemachte Sauce Hollandaise

498 kcal / 0,5 g Kohlenhydrate / 2,9 g Eiweiß / 54,6 g Fett

Zutaten für 2 Portionen:

- 1/4 TL Salz
- 120 g Butter
- 1 EL Zitronensaft
- 15 ml warmes Wasser
- 1 Msp. Pfeffer
- 1,5 Eigelb

Zubereitung:
Zuerst die Butter in einem Topf schmelzen lassen. Das Eigelb mit dem Zitronensaft, dem warmen Wasser sowie dem Salz in einem Wasserbad verrühren, bis eine cremige Konsistenz erreicht ist. Nach und nach die geschmolzene Butter unterrühren und die Sauce mit Salz und Pfeffer abschmecken.

Selbstgemachte Mayonnaise

115 kcal / 0 g Kohlenhydrate / 0,3 g Eiweiß / 12,7 g Fett

Zutaten für 12 Portionen:

- 1/4 EL Weißweinessig
- 20 EL MCT-ÖL
- 1/4 TL Salz
- 1 Eigelb
- 1/2 TL zuckerfreier Senf
- 1 Msp. Pfeffer

Zubereitung:
Das Eigelb mit dem Pfeffer und dem Salz pürieren. Tropfenweise das Öl unter Rühren hineingeben. Anschließend den Senf sowie den Weißweinessig hinzugeben und nochmals verrühren.

Scharfe Mayonnaise mit Chiliflocken

123 kcal / 0,6 g Kohlenhydrate / 0,6 g Eiweiß / 13,1 g Fett

Zutaten für 15 Portionen:

- 1/2 EL Weißweinessig
- 25 EL MCT-Öl
- 1/2 EL Weißweinessig
- 2 Eigelb
- 1 TL zuckerfreier Senf
- 2 EL Tomatenmark
- 1 TL Chiliflocken
- 1 TL Salz
- 1 Knoblauchzehe
- 1/2 EL Zitronensaft

Zubereitung:

Das Eigelb mit dem Salz schaumig schlagen. Das Öl langsam unterrühren. Danach den Senf, den Weißweinessig sowie den Zitronensaft einrühren. Den Knoblauch schälen und hacken. Diesen in eine Pfanne geben und das Tomatenmark einrühren. Dazu etwas Öl, Salz und die Chiliflocken geben. Die Paste vollständig abkühlen lassen und anschließend in die Mayonnaise rühren.

Selbstgemachte Aioli

117 kcal / 0,3 g Kohlenhydrate / 0,6 g Eiweiß / 12,6 g Fett

Zutaten für 12 Portionen:

- etwas Weißweinessig
- 20 EL MCT-Öl
- 1/4 TL zuckerfreier Senf
- 3 Knoblauchzehen
- 1/4 TL Salz
- 1 Eigelb
- 1 Msp. Pfeffer

Zubereitung:
Das Eigelb mit dem Salz und dem Pfeffer pürieren. Das Öl portionsweise unter Rühren unter das Eigelb geben. Den Knoblauch schälen und hacken. Diesen ebenfalls unter die Eigelbmasse geben. Zum Schluss die Aioli mit Senf und Essig abschmecken.

Fruchtige Butter

185 kcal / 0,2 g Kohlenhydrate / 0,2 g Eiweiß / 20,8 g Fett

Zutaten für 4 Portionen:

- 1/2 TL Abrieb einer Zitronenschale
- 100 g Butter
- 1/2 TL Salz

Zubereitung:
Den Zitronenabrieb mit der Butter vermischen. Dann mit Salz abschmecken und servieren.

Spritziger Feta-Dip

258 kcal / 3,9 g Kohlenhydrate / 10,2 g Eiweiß / 25 g Fett

Zutaten für 4 Portionen:

- 1/2 TL Salz
- 300 g griechischer Joghurt
- 1 TL Zitronenabrieb
- 200 g Feta
- 1 Msp. Pfeffer
- 3 EL kaltgepresstes Olivenöl
- 2 Knoblauchzehen

Zubereitung:
Den Feta zerbröseln und mit dem Joghurt vermischen. Den Knoblauch schälen und durch eine Knoblauchpresse drücken. Den Knoblauch mit der Zitronenschale unter die Feta-Mischung rühren. Zum Schluss den Dip mit Olivenöl, Pfeffer und Salz verfeinern.

Kümmel-Gurken-Dip

228 kcal / 3,4 g Kohlenhydrate / 2,3 g Eiweiß / 22,7 g Fett

Zutaten für 2 Portionen:

- 10 getrocknete Korianderblätter/150 g Crème fraîche
- 1/10 Salatgurke/1 Knoblauchzehe
- 1/4 TL Chiliflocken
- 1 TL ganzer Kümmel
- 1/4 TL Salz
- 1/2 EL Pfefferminze

Zubereitung:
Den Knoblauch schälen und durch eine Knoblauchpresse drücken. Den Kümmel mahlen. Beides mit der Crème fraîche verrühren. Die Gurke schälen, entkernen und die Gurke würfeln. Diese unter die Crème fraîche heben. Die Pfefferminze waschen und hacken. Diese mit Salz, Koriander und Chiliflocken unterrühren. Den Dip vor dem Servieren für 30–60 Minuten ruhen lassen.

Camembert-Dip

548 kcal / 2,3 g Kohlenhydrate / 16,2 g Eiweiß / 52,2 g Fett

Zutaten für 3 Portionen:

- 1/4 rote Zwiebel
- 200 g Camembert
- 1/2 TL Salz
- 100 g Frischkäse (Doppelrahmstufe)
- 1 Msp. Pfeffer
- 100 g Butter
- 2 TL ganzer Kümmel
- 4 TL Paprikapulver, edelsüß
- 2 EL Schnittlauch

Zubereitung:

Zuerst den Schnittlauch waschen und klein schneiden. Die Zwiebel schälen und hacken. Den Camembert mit den restlichen Zutaten mischen und verkneten.

Salsa

34 kcal / 5,4 g Kohlenhydrate / 1,6 g Eiweiß / 0,4 g Fett

Zutaten für 4 Portionen:

- Salz und Pfeffer
- 2 Tomaten
- Saft einer Limette
- 1/2 Gurke
- 2 Knoblauchzehen
- 1/2 grüne Paprika
- 1 grüne Chilischote
- 1/2 gelbe Paprika
- 5–6 Korianderzweige
- 1/2 rote Paprika
- 1 rote Zwiebel

Zubereitung:
Die Gurke, die Tomaten und die Paprika würfeln. Die Zwiebel sowie den Knoblauch schälen und hacken. Die Chilischote entkernen und hacken. Die Korianderblätter abzupfen. Alle Zutaten in eine Schüssel geben und mit Limettensaft mischen. Danach mit Salz und Pfeffer abschmecken und servieren.

Sellerie-Dip

378 kcal / 2 g Kohlenhydrate / 40 g Fett / 3 g Eiweiß pro Portion

Zutaten für 1 Portion:
50 g Sellerie
45 g Frischkäse
30 ml Kokosöl

Zubereitung:
Das Kokosöl verflüssigen und den Frischkäse unterrühren. Die Masse für 5 Minuten im Kühlschrank ruhen lassen. Den Sellerie waschen und mit dem Dip servieren.

Smoothies / Shakes/ Getränke

Grüner Smoothie

Pro Portion: 174 kcal; 8 g Kohlenhydrate, 3 g Eiweiß, 13 g Fett

Zutaten für 1 Person:

- 100 g Gurke
- 3 EL Kokosöl
- 240 ml ungesüßte Mandelmilch
- 70 g Avocado
- 30 g frischer Spinat

Zubereitung:
Geben Sie alle Zutaten in einen Mixer und pürieren Sie alles gut durch. Füllen Sie die Masse in ein Glas und servieren Sie den fertigen Smoothie.

Zimtiger Smoothie

Pro Portion: 352 kcal; 8 g Kohlenhydrate, 4 g Eiweiß, 32 g Fett

Zutaten für 1 Person:

- 1/2 TL Zimt
- 1 EL MCT-Öl
- 200 ml ungesüßte Mandelmilch
- 100 ml Kokosmilch
- 70 g Avocado

Zubereitung:
Geben Sie alle Zutaten in einen Mixer und pürieren Sie alles für 1 Minute. Füllen Sie die Masse anschließend in ein Trinkgefäß und servieren Sie den Smoothie.

Schokoladen Avocado Smoothie

Pro Portion: 406 kcal; 19 g Kohlenhydrate, 4 g Eiweiß, 33 g Fett

Zutaten für 1 Person:

- 2 EL Whey mit Schokoladengeschmack
- 1 Avocado
- 100 ml Kokosmilch
- 2 EL Kakaopulver
- 100 ml Mandelmilch

Zubereitung:
Löffeln Sie das Fruchtfleisch aus der Avocado. Geben Sie das Avocadofruchtfleisch mit den restlichen Zutaten in einen Mixer und pürieren Sie alles gut durch. Danach kann der fertige Smoothie serviert werden.

Vanille - Mandel - Shake

Pro Portion: 141 kcal; 1 g Kohlenhydrate, 2 g Eiweiß, 13 g Fett

Zutaten für 1 Person:

- 1/4 TL Zimt
- 1 EL Kokosöl
- 1 TL Raw Kakaopulver
- 240 ml ungesüßte Mandelmilch
- 20 g Vanille-Protein Pulver

Zubereitung:
Geben Sie alle Zutaten in eine Schüssel und vermischen Sie diese miteinander. Danach geben Sie die Zutaten in einen Blender. Das Ganze mixen Sie nun für 10 - 20 Sekunden, bis sich alle Zutaten miteinander vermischt haben.

Moccacino Shake

Pro Portion: 194 kcal; 1 g Kohlenhydrate, 22 g Eiweiß, 10 g Fett

Zutaten für 1 Person:

- 2 Tropfen Flav Drops
- 30 g Whey Isolate Schoko
- 1 TL Zimt
- 1 EL Instant Coffee
- 1 EL MCT Öl

Zubereitung:
Geben Sie alle trockenen Zutaten in einen Mixer. Fügen Sie danach das MCT Öl und die Flav Drops hinzu und mixen Sie alles gut durch. Danach müssen Sie den Shake nur noch mit Wasser auffüllen und gut verrühren.

Avocado - Mandel - Shake

Pro Portion: 245 kcal; 9 g Kohlenhydrate, 3 g Eiweiß, 20 g Fett

Zutaten für 1 Person:
4 Eiswürfel
1/2 Avocado
4 Tropfen Stevia
360 ml ungesüßte Mandelmilch

Zubereitung:
Geben Sie zuerst die Mandelmilch in einen Blender. Die Avocado schneiden Sie in zwei Hälften und entkernen diese. Fügen Sie die Eiswürfel, das Stevia und das Avocadofruchtfleisch in den Mixer und pürieren Sie alles für 1 Minute.

Espresso Smoothie

Fett: 10 g; Protein: 10 g; Kohlenhydrate: 2 g; Kalorien: 140 /pro Portion

Zutaten für 2 Portionen:

- 5 Eiswürfel
- 20 g Low Carb Proteinpulver
- 1 Prise Zimt
- 1 Espresso
- 1 TL Erythrit
- 60 ml vollfett Sahne

Zubereitung:
Alle Zutaten miteinander mixen und kalt servieren.

Erdbeer-Schoko-Shake

Fett: 44 g; Protein: 4 g; Kohlenhydrate: 15 g; Kalorien: 470 /pro Portion

Zutaten für 1 Portion:

- 300 ml Wasser
- 100 ml flüssige Sahne
- 1 EL ungesüßte Kokosraspeln
- 1 EL Kakaopulver
- 3 Erdbeeren
- 1 EL Erythrit

Zubereitung:
Die Erdbeeren waschen und klein schneiden. Alles in einen Mixer geben und pürieren. Den Shake kalt servieren.

Kokosnuss-Schoko-Smoothie

Fett: 28 g; Protein: 10 g; Kohlenhydrate: 5 g; Kalorien: 312 /pro Portion

Zutaten für 1 Portion:

- 1 EL MCT-Öl
- 1 EL Erythrit
- 200 ml Kokosmilch
- 1 EL Low Carb Proteinpulver
- 1 EL ungesüßtes Kakaopulver
- 1 TL ungesüßte Kokosnussraspel

Zubereitung:
Alle Zutaten miteinander mixen. Die Eiswürfel unterheben und servieren.

Avocado-Schokoladen Smoothie mit Joghurt

Fett: 20 g; Protein: 5 g; Kohlenhydrate: 9 g; Kalorien: 232 /pro Portion

Zutaten für 1 Portion:

- 1 EL flüssiges Kokosöl
- 2 EL Kakaopulver
- 3 EL ungesüßte Mandelmilch
- 150 g griechischer Joghurt
- ½ Avocado
- 1 Spritzer Vanilleextrakt

Zubereitung:
Alle Zutaten in einen Mixer geben und pürieren.

Minz-Smoothie

Fett: 43 g; Protein: 6 g; Kohlenhydrate: 10 g; Kalorien: 417 /pro Portion

Zutaten für 1 Portion:

- 2 Minzblätter
- 1 Selleriestengel
- 1 Handvoll Babyspinat
- 500 ml Wasser
- 1 TL Erythrit
- 60 g Mandeln

Zubereitung:
Den Sellerie klein schneiden. Alles miteinander in einem Mixer pürieren und gekühlt servieren.

Smoothie mit Himbeeren

Fett: 22 g; Protein: 14 g; Kohlenhydrate: 7 g; Kalorien: 258 /pro Portion

Zutaten für 1 Portion:

- 100 g ungesüßte Kokosraspeln
- 100 g Himbeeren
- 2 EL Kokosöl
- 125 ml ungesüßte Mandelmilch Vanillearoma
- 20 g Vanille Molkeproteinpulver
- 1 EL Flohsamenschalen

Zubereitung:
Alles miteinander mischen und in einem Mixer pürieren. Das Ganze kaltstellen und anschließend servieren.

Smoothie mit Avocado und Birne

Fett: 42 g; Protein: 5 g; Kohlenhydrate: 11 g; Kalorien: 438 /pro Portion

Zutaten für 2 Portionen:

- 50 g gehackte Macadamia
- ½ Avocado
- 1 EL Hanfsamen
- 250 ml Kokosmilch
- 1 Birne
- ½ Zitrone
- 50 g frischer Spinat

Zubereitung:
Die Avocado schälen, entkernen und würfeln. Das Fruchtfleisch mit den Hanfsamen, der Kokosmilch, der Birne, dem Spinat und der Zitrone pürieren. Das Ganze mit Chili und Salz abschmecken. Den Smoothie kaltstellen und vor dem servieren mit den Macadamia bestreuen.

Zitronen-Rosmarin Smoothie

Fett: 25 g; Protein: 9 g; Kohlenhydrate: 14 g; Kalorien: 312 /pro Portion

Zutaten für 1 Portion:

- 300 ml Wasser
- 150 ml Mandeljoghurt
- 1 EL gemahlene Leinsamen
- 1 Handvoll Wildkräuter
- 1 EL Kürbiskerne
- 1 EL Erythrit
- 1 EL frischer Zitronensaft
- 1 EL Olivenöl
- 1 Rosmarinstiel

Zubereitung:
Alle Zutaten pürieren und kühlstellen. Danach servieren.

Chia-Smoothie mit Schokolade

Fett: 36 g; Protein: 9 g; Kohlenhydrate: 4 g; Kalorien: 356 /pro Portion

Zutaten für 2 Portionen:

- 3 EL Mandelmilch
- 5 Eiswürfel
- 250 ml Kokosmilch
- 30 g Bitterschokolade
- 1 EL Low Carb Proteinpulver
- ½ TL Erythrit
- 1 EL Chiasamen

Zubereitung:
Alles miteinander mischen und pürieren.

Obst-Gemüse-Smoothie

Fett: 21 g; Protein: 9 g; Kohlenhydrate: 17 g; Kalorien: 292 /pro Portion

Zutaten für 1 Portion:

- 1 Handvoll Spinat
- 200 ml Mandelmilch
- 1 EL Macadamiaöl
- 1 EL Erythrit
- 200 ml Wasser
- 10 Himbeeren

Zubereitung:
Alle Zutaten miteinander vermischen und pürieren.

Nuss-Smoothie

Fett: 48 g; Protein: 7 g; Kohlenhydrate: 13 g; Kalorien: 485 /pro Portion

Zutaten für 1 Portion:
100 ml Schlagsahne
1 EL Chiasamen
200 ml Wasser
1 Handvoll Spinat
1 EL Erythrit
5 Macadamia-Nüsse

Zubereitung:
Alle Zutaten in einen Mixer geben und pürieren.

Grünkohl-Smoothie mit Joghurt

Fett: 48 g; Protein: 7 g; Kohlenhydrate: 13 g; Kalorien: 485 /pro Portion

Zutaten für 1 Portion:

- 250 ml Wasser
- 250 ml Mandeljoghurt
- 1 EL Sonnenblumenkerne
- 1 Handvoll Babyspinat
- 1 EL MCT-Öl
- 1 EL Erythrit

Zubereitung:
Alle Zutaten miteinander pürieren und in Gläser aufteilen.

Scharfer Schoko-Shake

Fett: 26 g; Protein: 3 g; Kohlenhydrate: 3 g; Kalorien: 258 /pro Portion

Zutaten für 1 Portion:

- 250 ml Wasser
- 2 EL Kokoscreme
- 1 Prise Cayenne-Pulver
- 2 EL Kokosöl
- 1 Spritzer Vanilleextrakt
- 1 EL ganze Chiasamen
- 2 EL ungesüßtes Kakaopulver

Zubereitung:
Alle Zutaten miteinander mixen und in Gläsern servieren.

Kaffee-Kokos-Shake

Fett: 34 g; Protein: 6 g; Kohlenhydrate: 16 g; Kalorien: 354 /pro Portion

Zutaten für 1 Portion:

- 1 EL Hanfsamen
- 100 ml Kokosmilch
- 1 EL Erythrit
- 2 EL ungesüßtes Kakaopulver
- 250 ml gekühlter Kaffee

Zubereitung:
Alle Zutaten miteinander mischen, pürieren und in einem Glas servieren.

Ingwer Shake mit Erdbeeren

Fett: 50 g; Protein: 7 g; Kohlenhydrate: 10 g; Kalorien: 475 /pro Portion

Zutaten für 1 Portion:

- 1 EL Erythrit
- 3-5 Erdbeeren
- 250 ml Wasser
- 250 ml Kokosmilch
- 1 TL Sesamsamen
- 15 g Ingwerpulver
- 1 Handvoll Rucola
- 1 kleiner Selleriestiel

Zubereitung:
Die Erdbeeren waschen und halbieren. Den Sellerie klein schneiden. Alles in einem Mixer pürieren und servieren.

Nuss-Salat-Shake

Fett: 36 g; Protein: 3 g; Kohlenhydrate: 7 g; Kalorien: 350 /pro Portion

Zutaten für 1 Portion:

- 1 Handvoll grüner Salat
- 1 EL Sonnenblumenkerne
- 1 EL MCT-Öl
- 250 ml Wasser
- 30 g Paranüsse

Zubereitung:
Den Salat hacken. Alles miteinander mischen und pürieren. Danach servieren.

Kohl-Shake

Fett: 15 g; Protein: 5 g; Kohlenhydrate: 8 g; Kalorien: 181 /pro Portion

Zutaten für 2 Portionen:

- ½ Handvoll frischer Spinat
- 80 g Kohl
- 100 g Himbeeren
- 250 ml ungesüßte Kokosmilch
- 1 EL Chiasamen

Zubereitung:
Den Kohl und die Kokosmilch pürieren. Danach den Chiasamen hinzugeben und ebenfalls pürieren. Die Himbeeren und den Spinat wachen. Beides mit in den Mixer geben und alles nochmals fein pürieren.

Grüner Shake mit Blaubeeren

Fett: 18 g; Protein: 18 g; Kohlenhydrate: 9 g; Kalorien: 279 /pro Portion

Zutaten für 1 Portion:

- 1 EL Erythrit
- 100 ml ungesüßte Mandelmilch Vanillearoma
- 2-4 Eiswürfel
- 20 g Low Carb Proteinpulver
- 100 ml Schlagsahne
- 1 EL Mandelbutter
- 100 ml Kokosmilch
- 1 Handvoll Spinat
- ½ Avocado
- 100 g gefrorene Blaubeeren

Zubereitung:
Die Avocado schälen, entkernen und klein schneiden. Alles miteinander mischen und fein pürieren.

Milchschake mit Kräutern

Fett: 18 g; Protein: 18 g; Kohlenhydrate: 9 g; Kalorien: 279 /pro Portion

Zutaten für 1 Portion:

- 1 EL Kokosöl
- 250 ml Mandelmilch
- 2 Handvoll Gartenkräuter
- 1 EL Erythrit
- 250 ml Wasser
- 1 EL Kokosflocken

Zubereitung:
Alles miteinander mischen und pürieren. Den Shake gekühlt servieren.

Grüner Shake

Fett: 18 g; Protein: 2 g; Kohlenhydrate: 10 g; Kalorien: 157 /pro Portion

Zutaten für 2 Portionen:

- ½ Zitronen
- 300 ml Wasser
- 1 Gurke
- 1 Handvoll Grünkohl
- 1 Avocado
- 1 Handvoll Babyspinat
- 1 Handvoll Rucola
- 1 Tomate

Zubereitung:
Den Grünkohl zerkleinern. Die Zitrone auspressen. Die Avocado entkernen und das Fruchtfleisch würfeln. Die Gurke schälen und würfeln. Alles in einen Mixer geben und fein pürieren.

Mokka-Shake

Fett: 23 g; Protein: 10 g; Kohlenhydrate: 19 g; Kalorien: 293 /pro Portion

Zutaten für 1 Portion:

- 1 EL Kokosöl
- 200 ml Mandelmilch
- 1 Tasse kalter Kaffee
- 2 EL Kakaopulver
- 2 EL Erythrit

Zubereitung:
Alles miteinander mischen und pürieren. Den Shake kalt servieren.

Kokos-Avocado-Shake

Fett: 19 g; Protein: 2 g; Kohlenhydrate: 4,4 g; Kalorien: 195 /pro Portion

Zutaten für 1 Portion:

- 1 TL Pfefferminzextrakt
- 100 ml ungesüßte Kokosmilch
- 1 EL reiner Vanilleextrakt
- 1 Avocado
- 5 Eiswürfel
- 1 EL Erythrit

Zubereitung:
Die Avocado schälen, entkernen und klein schneiden. Alle Zutaten in einem Mixer pürieren. Den Shake in ein Glas füllen und servieren.

Sahne-Mandel-Shake

Fett: 57 g; Protein: 12 g; Kohlenhydrate: 17 g; Kalorien: 590 /pro Portion

Zutaten für 1 Portion:

- 250 ml Wasser
- 100 ml flüssige Schlagsahne
- 1 EL Hanfsamen
- ½ EL Kakaopulver
- 1 EL Leinsamen
- 1 EL Erythrit
- 8 Macadamianüsse
- 1 Handvoll gehackter Mandeln

Zubereitung:
Alle Zutaten in einem Mixer pürieren und servieren.

Limonade

Fett: 0 g; Protein: 0 g; Kohlenhydrate: 1 g; Kalorien: 4 /pro Portion

Zutaten für 4 Portionen:

- 1 Minzzweige
- 1 l Wasser
- 1 Zitronenmelissezweig
- 1 Zitrone
- 1 Basilikumzweig

Zubereitung:
Die Zitrone zuerst in Scheiben schneiden. Danach mit den Kräutern im Wasser über Nacht im Kühlschrank ziehen lassen.

Selbstgemachte Mandelmilch

Fett: 5 g; Protein: 2 g; Kohlenhydrate: 2 g; Kalorien: 58 /pro Portion

Zutaten für 4 Portionen:

- Stevia
- 750 ml Wasser
- 1 Prise Salz
- 100 g blanchierte Mandeln

Zubereitung:
Die Mandeln in einem Mixer mahlen. Danach portionsweise das Wasser hinzugeben und die Flüssigkeit anschließend durch ein Küchentuch pressen. Die Milch mit Stevia und Salz abschmecken.

Limonade mit Minze und Ingwer

Fett: 0 g; Protein: 0 g; Kohlenhydrate: 0 g; Kalorien: 1 /pro Portion

Zutaten für 4 Portionen:

- 1 Handvoll Minze
- 1 l Wasser
- 1 kleines Stück Ingwer
- 1 Zitrone

Zubereitung:
Die Zitrone und den Ingwer in Scheiben schneiden. Die Minze mit der Zitrone und dem Ingwer in ein Gefäß geben. Das Wasser aufkochen und ebenfalls hineinfüllen. Die Limonade für 2 Stunden kaltstellen.

Erfrischende Kokosnuss

Fett: 14 g; Protein: 18 g; Kohlenhydrate: 5 g; Kalorien: 218 /pro Portion

Zutaten für 1 Portion:
Erythrit
200 ml Kokosmilch
Zitronensaft
1 EL Leinsamen
½ EL Walnussöl
1 EL Proteinpulver

Zubereitung:
Alle Zutaten miteinander mischen und verrühren.

Kaffee-Vanille-Drink

Fett: 14 g; Protein: 5 g; Kohlenhydrate: 1 g; Kalorien: 158 /pro Portion

Zutaten für 1 Portion:
2 TL Instant-Kaffeepulver ohne Zucker
180 ml Wasser
1 TL Vanillepulver
1 EL MCT-Öl
1 Ei

Zubereitung:
Das Öl mit dem Ei, dem Vanillepulver sowie dem Kaffeepulver mischen. Das Wasser aufkochen und unterrühren. Zum Schluss das Ganze pürieren und anschließend servieren.

Matcha-Erfrischung

Fett: 14 g; Protein: 6 g; Kohlenhydrate: 0,5 g; Kalorien: 154 /pro Portion

Zutaten für 1 Portion:
1 TL Matcha-Pulver
180 ml Wasser
1 Ei
1 EL MCT-Öl

Zubereitung:
Das Matcha-Pulver mit dem Ei und dem Öl verrühren. Das Wasser aufkochen und nach und nach unterrühren. Danach alles pürieren und servieren.

Kaffee-Mocca

Fett: 25 g; Protein: 0,1 g; Kohlenhydrate: 1 g; Kalorien: 230 /pro Portion

Zutaten für 2 Portionen:

- 1 Prise Bourbon-Vanille
- 2 Tassen Kaffee
- 1 Prise Zimt
- 1 EL Kokosöl
- 1 TL Leinmehl
- 2 EL Weidebutter
- 3 Tropfen Flavdrops Mocca
- 2 EL MCT-Öl

Zubereitung:
Den heißen Kaffee mit den restlichen Zutaten pürieren.

Latte Macchiato

Fett: 27 g; Protein: 1 g; Kohlenhydrate: 1 g; Kalorien: 251 /pro Portion

Zutaten für 2 Portionen:

- 1 TL Vanillepulver
- 2 Tassen heißer Kaffee
- ½ TL Zimt
- 1 EL Konditorsahne
- 2 EL MCT-Öl
- 2 EL Butter

Zubereitung:

Alle Zutaten mischen und pürieren.

Haftungsausschluss

Auch wenn der Inhalt mit großer Sorgfalt geprüft und erstellt wurde, kann für die Richtigkeit und Gültigkeit keine Garantie übernommen werden. Der Inhalt mit den entsprechenden Informationen in diesem Buch dient nur dem Unterhaltungszweck. Das Buch ist nicht dazu bestimmt in irgendeiner Form einen medizinischen oder professionellen Rat zu ersetzen. Jede Aussage dieses Buches ist aus eigener Erfahrung und/oder aus bestem Wissen getroffen worden. Das Buch beinhaltet allgemeine Strategien und kann nicht als Anleitung verstanden werden. Ob und wie eventuelle Ratschläge in die Tat umgesetzt werden, liegt einzig und allein am Leser dieses Buches. Der Autor haftet nicht für eventuelle Schäden oder nachhaltige Auswirkungen, die in direktem oder indirektem Zusammenhang mit dem Inhalt dieses Buches stehen.

Impressum

 Kontakt Linda Kluge c/o Barbara`s Autorenservice Tüttendorfer Weg 3 24214 Gettorf Covergestaltung: Germancreativ Coverfoto: Depositphotos.com Taschenbuch wird gedruckt bei: Amazon Media EU S.á r.l., 5 Rue Plaetis, L- 2338, Luxembourg

Printed in Poland
by Amazon Fulfillment
Poland Sp. z o.o., Wrocław

19018422R00122